無用的日子
讀老莊

傅佩榮

老莊相對論

給人生的

十則指引

目次

目次

Contents

〔新版序〕

無用的日子讀老莊

人總有自覺無用的時候。

地球的暖化，季節的變遷，氣候的好壞，空氣的品質，讓人坐困愁城。國際的競逐，經濟的趨勢，社會的騷動，流行的風潮，讓人疲於奔命。家人的平安，朋友的處境，四周的噪音，心中的憂慮，讓人難以喘息。由外而內的壓力，由小而大的煩惱，無不使人自覺無用與無奈。莊子說：「知其不可奈何而安之若命。」知道事情無可奈何，就安心接受它，作為自己的命運。這裡的關鍵是「知」與「安」二字。

先說「安」。既然高興不高興都須接受，何不表現得瀟灑一些，轉個念頭，換個角度，說不定可以豁然開朗。

再說「知」，這正是道家的祕訣所在。莊子的思想源自老子的啟發，他們二人合稱「老莊」，代表道家學說的典型。道家談人生，向來只有兩邊，或是悟道，或是不悟道，而悟或不悟，就要看「知」了。

「知」是人的主要稟賦，一般稱為認知能力。認知有三個層次：區分、避難與啟明。區分之知是必要的，若是未能區分「安與危，利與害，福與禍」，恐怕要活下去都不容易。但是，任何區分都會引發欲望，隨之產生較量與爭奪，然後是天下大亂。為了避免陷入亂局與困境，認知必須提升到避難的層次，人棄我取，人取我棄，就是基本策略，否則「木秀於林，風必摧之」，老子筆下的聖人，是「和光同塵、被褐懷玉」的。不過，避難之知是個過渡階段，真要化解一切煩惱，還須以「啟明之知」為目標。也即是莊子所強調的，「以道觀之，物無貴賤」，從道的觀點看來，萬物沒有貴賤之分，如此才可進行逍遙之遊。因此，問題來自人的認知，解決的辦法則在認知的提升與轉化上，正是「解鈴還須繫鈴人」。

啟明之知即是悟道，老莊思想對人類的貢獻，就在教人如何悟道。悟道的第一步，在於認清「區分之知」的陷阱；第二步在於了解「避難之知」的局限；至於能否抵達第三步「啟明之知」，則看個人的修為與造化了。

眼前介紹老莊思想的這本書，最初取名為《老莊的相對論》，從十個角度闡釋人間常見的判斷，目的是要破除區分之知的謬誤，揭示避難之知的不足，因為人類對事實與價值的判斷，總是相對的。明白了相對之為相對，就會降低執著的念頭，開始欣賞差異，想像涵容萬物於其中的「道」，是何種情況。

莊子說：「魚，相忘乎江湖；人，相忘乎道術。」既然相忘，又何必在意有用無用。長期研究道家，使我深信三種人適合領悟這門學問，就是老年人、失意者與聰明人。老年人無用，因為體貌日衰；失意者無用，因為有志難伸；聰明人無用，因為樂於如此。不論哪一種，在無用的日子讀老莊，可能會有意想不到的幸福感。

傅佩榮寫於二〇一九年三月十三日

〔自序〕

老莊的相對論

人間有許多價值是相對的，譬如美與醜，善與惡，苦與樂，利與害，爭與不爭，有用與無用。這些相對的觀念不能脫離每個人「主觀」的判斷。即使是同一個人，從年少到年老，也可能對某種情況做出相對的判斷。

老子與莊子代表道家思想，他們對這些價值的相對看法與一般人相同嗎？當然相同，但是卻另有一番深刻的思考。

一般人根據自己的經驗與觀察，談起相對的價值，就會出現不確定的感覺，好像什麼都不可靠。老莊呢？他們提出的「道」字，代表了萬物的來源與歸宿，代表了包容一切的整體。由整體的角度看來，所有的價值都是相對的。這種觀點並非出於個人主觀的體驗，不帶有任何情緒的因素，因而具有普遍的意義。

價值的相對性基於萬物的相對性而有。所謂萬物，無時無刻不在「變化」之中，而變化所代表的是：出於虛無，又入於虛無。因此，嚴格說來，萬物並不存在。

莊子認為：古人的智慧抵達至高境界，因為他們明白「未始有物」，亦即從來不曾有萬物存在過。真正存在的，自始至終都是「道」，或者應該說，無始無終都是「道」。沒有道，就沒有萬物；但是沒有了萬物，道卻依然存在。這是道家立言的要旨。

依邏輯方式思考，從相對論必定衍伸出懷疑論，從懷疑論又難免接上了虛無論。如此一來，人生豈非南柯一夢？道家提醒我們：萬物確實如夢似幻，但是「道」卻是真實而永恆的。因此，人生的功課只有一門，就是設法悟道。

既然談到功課，就表示需要修練。莊子多次使用「形如槁木，心如死灰」一語，聽起來有些消極無奈，其實卻是置之死地而後生。唯有讓人的身心擺脫相對的欲望與意念，進入一種虛靜狀態，然後人的「精神」才會展現出來。此時所展現的精神，就是悟道的契機。

換言之，老子說：「道大，天大，地大，人亦大。」莊子發揮此說，把「人亦大」落實於「精神」層次，可謂完美的詮釋。

問題在於：能夠經由修練而展現精神層次的人，實在少之又少。莊子一再使用像「真人、神人、至人、天人」這些合成名詞，目的是要告訴我們：單單做一個凡人是遠遠不足的。

有些人以為道家是要我們順其自然，好像那是一件簡單的工作。但是誰能真正做到順其自然？少了對「道」的覺悟，又未能修練身心，則順其自然只是放任、懶惰、推卸責任的藉口而已。

老莊的相對論並非一般的相對論，因此我們還可由此得知：富貴與貧賤是相對的，生與死是相對的。能明白這兩點，已經是不平凡的見識了。老莊還要再進一步，反璞歸真，肯定人類生命的意義，就是：外在與世人同化，內心卻完全不受干擾；覺悟了無所不在的道，因而可以自在逍遙。這時所談的「外化與內不化」，以及「道與逍遙」，就不是簡單的相對論，而是人生的理想境界了。

我於二〇一〇年在東方衛視的「世界文明講壇」主講了十集「老莊的智慧」，講稿整理成書，形式有些特別，其中加了許多像是旁白的問句，原是為了吸引電視觀眾的注意，如今寫在書中別有一些趣味，使閱讀變得較為輕鬆。

本書書名所用的「相對論」，當然不是物理學的意思，而是並列兩種相對價值，進行深入討論，藉此突顯老莊的思想。凡引述老子與莊子的語句，都在章後附上原文，以便讀者參考。

我近年出版了幾本介紹道家的書，本書是兼顧老莊而談的，所論較為完整。書中十章所列的十組價值觀，則是新的探討方式。我推廣國學的用心是一致的：希望扮演橋梁，讓讀者更容易進入原典的世界。

傅佩榮
於臺大哲學系
二〇一一年七月五日

美與醜

1 號相對論

中國在春秋戰國時代進入一個轉型期的社會，
這時候，許多讀書人紛紛提出個人的見解，我們稱之為「百家爭
鳴」的時代。
其中影響最深遠、對後代兩千多年中國人心靈發揮塑造作用的，
就是儒家與道家。
道家的思想有其必要性，讓我們可以還萬物一個本來的面貌。
而如果談到人類的世界，最容易出現的判斷，
就是本章所要談論的主題：美與醜。

老子的《道德經》內容只有五千多字，短短八十一章，其中在第二章就提到：「天下皆知美之為美，斯惡已。[1]」天下人都知道什麼才是美，醜就顯而易見了。

道家對於美醜的分辨，從老子開始就認為是相對的，《莊子》裡也可見有關相對美醜概念的故事。

莊子說，人類的美與其他動物的美不同，人類因為時代、地區的差別，對美的判斷也不同。他提到兩位美女，驪姬與毛嫱，她們都很漂亮，但是魚看到她們立刻潛入水中，鳥看到她們立刻飛上天，就好像看到妖怪似的。[2]

這些動物為何這麼不識相呢？我們實在不該冤枉牠們，你若問魚：「最美的是什

1 天下皆知美之為美，斯惡已；皆知善之為善，斯不善已。故有無相生，難易相成，長短相較，高下相傾，音聲相和，前後相隨。是以聖人處無為之事，行不言之教，萬物作焉而不辭，生而不有，為而不恃，功成而弗居。夫唯弗居，是以不去。（《老子》第二章）

2 毛嫱、麗姬人之所美也，魚見之深入，鳥見之高飛，麋鹿見之決驟，四者孰知天下之正色哉？（《莊子・齊物論》）

麼？」當然是另外一條魚；鳥呢？另外一隻鳥；鹿呢？另外一隻鹿。動物有動物的判斷，怎能用人類所謂的「美女」當作唯一的標準呢？

人類社會所謂的「美」，也沒有什麼普遍性，因為時代與社會的差別，標準會有所改變。很多年前，我特地觀察過什麼是「美」，年輕的學生問我什麼是「美」，我說：年輕就是美。因為年輕人充滿活力，不用化妝，皮膚白裡透紅，非常陽光。中年人問我什麼是「美」，我說：健康就是美。身體如果不健康，看到別人自由地慢跑、運動，便會覺得健康就是美。當老年人問什麼是「美」，那只能說自然就是美了。

換句話說，每個人在生命中各個階段都能得到某種美感，美代表值得欣賞，覺得自己有某種美感值得欣賞，生命肯定會比較愉快。

老莊怎麼說？

早在漢武帝時代，史學家司馬談就寫出了《論六家要旨》，他認為先秦最主要有六家學派：儒家、道家、墨家、法家、名家、陰陽家。其中系統最完備、影響最深遠、對後代子孫的心靈起著塑造作用的就是儒家與道家。儒家提倡以人為本，道家則尊崇順其自然。那麼，莊子是如何運用寓言故事來解釋儒道兩種思想的差異呢？

豬跟蘋果長得怎樣，關人類何事！

要介紹道家老子與莊子的思想，首先得設法說明它與儒家的差異。

儒家是一套標準的人文主義，所謂人文主義，就是把人的生命當作一切價值的基礎，必須把人當作目的，不能僅僅把人當作手段來利用。

我在中學時讀到《論語・鄉黨》裡的一句話，深受震撼。我們都知道孔子五十一歲才開始在魯國做官，做了五年之後就周遊列國去了。他在做官期間，有一天下朝回家，家人跑來報告說馬廄失火了！孔子聽了之後只問一句話：「有人受傷嗎？」完全沒有提到馬的損失。

這短短的十二個字「廄焚，子退朝，曰：『傷人乎？』不問馬」讓人震撼，因為古代封建社會是有階級的，馬廄失火會受傷的是馬車夫、工人、佣人，他們都是階級很低的人，沒有人權保障。但是對孔子來說，只要是人，一往平等。相對的，古代的馬非常貴重，有人甚至以馬的數量來計算家產。但對孔子來說，再怎麼貴重的資產，都不能與人相提並論。

這就叫作人文主義，這也是為什麼當我們提到儒家思想時，常說它非常適合人類社會的需要。

但是道家不同，這點可以從一段古代寓言故事中看出：楚王喜歡打獵，他有一把弓，天下聞名。有一次他打完獵要回都城，把弓交給部下看管，走著走著，弓不見了，大家分頭找都找不著，最後楚王只好說：別找了，「楚王失弓，楚人得之」。

楚王身為一個國家的領導者，考慮的是國家百姓的福祉，弓掉在楚國境內，撿到的肯定是楚國人，所以不找也罷。

孔子聽到之後便說：「何必曰楚？人失弓，人得之。」大王弓掉了，人撿到了，這個人是齊國、楚國、吳國、越國、趙國等外國人也沒關係，只要是人撿到都好，這叫作人文主義。

老子聽了說：「何必曰人？失弓，得之。」弓掉了，猴子可以撿去玩，螞蟻也可以搬回家，只要這弓還在地球上、還在大自然的懷抱中，有何不可呢？這便是道家。

由此我們可以看出儒家是以「人」為中心，道家則超越這種想法，讓萬物回歸本來的樣態。以人為核心很容易扭曲萬物的價值，譬如蘋果為什麼是紅的？因為想讓人看了有食欲；豬為什麼肥？要給人提供營養。若是如此，蘋果和豬也會覺得莫名其妙，我本來就是長這樣，跟人類有什麼關係呢？

老莊怎麼說？

莊子透過寓言故事告訴我們，萬物的認知標準不一，人為的標準並不是唯一的標準，如果誤把相對當作絕對，那就離「道」太遠了！單就美與醜來說，也難以用統一的標準來衡量。那麼，古代用來誇讚美女的成語，為什麼到了今天，反而會惹得女士怒目相向呢？

誰是「環肥」？

幾年前我到一個地方演講，主辦方是兩個單位，其中一個單位派兩位男士來接我，另一個單位派兩位女士來接我。我們一行人到了飯店準備吃宵夜，這時候其中一位男士為了表達善意，就說：「傅教授，您真好運氣，有兩位美女來接您。」但他為了表現國學素養，多加了一句「環肥燕瘦」。

他本想借古代成語誇讚美女，但是現代人很難接受「肥」這個概念，於是，比較豐滿的那位女士立刻翻臉：「你說誰是環肥呀？」氣氛一下僵掉，宵夜也吃不成了。這故事說明了不同的時代與社會，有其不同的標準。

又例如太平洋有一個叫「長頸族」的部落，那裡的女孩從小就要戴銅環，把脖子拉長，脖子愈長愈美。一個正常女子去到那兒，肯定會被看成是醜八怪。這說明美有時候與習慣有關，習慣會影響我們的判斷，我們習慣看什麼樣的人，久而久之，便覺得這才是值得欣賞的，要你欣賞另一種類型，就很難接受了。

《莊子》裡有個故事，有一個人叫作「闉跂支離無脤」（跛腳、駝背、兔唇），前去遊說衛靈公，衛靈公很喜歡他，看到正常人，反而覺得他們的脖子太瘦長了。另外有一個人脖子上長了大瘤，前去遊說齊桓公，齊桓公很喜歡他，而看到正常人，反而覺得他們的脖子太瘦長了。[3]

由此可知，習慣所造成的判斷，很容易產生相對的影響。

另外，還有心態上的問題。有句成語叫「東施效顰」，其中的故事也出於《莊子》：美女西施有心絞痛的毛病，心痛的時候，就捧著心皺著眉頭。同村裡有個叫東施的醜女，看到西施樣子很美，也學著捧著心皺著眉頭。

結果，鄉裡的有錢人立刻把門窗關起來不敢出門；窮人立刻帶著妻子、孩子遠遠走開，不敢看到她，深怕做惡夢。[4]

莊子說這些話，聽起來也挺刻薄的，但是他提醒我們，不要只知道別人美，而忽略了更重要關鍵：為什麼美呢？如果只是學外表打扮、化妝、用名牌，那太容易了，但真正的美，一定離不開人內在的心態。

老莊怎麼說？

人類社會對於美醜的判斷，不同的時代有不同的標準，不同的人有不同的審美習慣，不同的心態也會產生較大的差異。可以肯定的是，愛美之心，人皆有之。可是在莊子的寓言故事中，為什麼旅店的老闆對醜陋的小妾疼愛有加，卻對漂亮的小妾不理不睬呢？

3 闉跂支離無脤說衛靈公，靈公說之，而視全人：其脰肩肩。甕盎大癭說齊桓公，桓公說之，而視全人：其脰肩肩。（《莊子・德充符》）

4 故西施病心而矉其里，其里之醜人見而美之，歸亦捧心而矉其里。其里之富人見之，堅閉門而不出；貧人見之，挈妻子而去走。彼知矉美而不知矉之所以美。惜乎，而夫子其窮哉！（《莊子・天運》）

受寵的醜妾

關於美醜，莊子又說了一個故事，其背景當然未必適合現代社會：有個人寄宿旅館，發現旅館的老闆有兩個小妾，一個很漂亮，一個很醜。大家都很好奇，因為老闆對長得美的不理不睬，反而對長得醜的疼愛有加。

旅人問老闆，為何對她們的態度完全不同，旅館老闆回答：「長得美的以為自己美，我不認為她美，但長得醜的以為自己醜，我不認為她醜。」[5]

這句話很有意思，一個人以為自己長得美，難免就會有驕氣而顯得高傲。相反的，一個人以為自己長得醜，就會比較謙虛，比較溫柔。

人和人相處久了，不是看外表，而是要看個性，個性是溫和還是傲慢，差別很大。長得再好看，天天相處之後，就是那麼一張臉。因此，人的心態很重要，如果心態不正確，自以為美，對人顯示出驕傲的神態，別人恐怕也只能從外表把你當作花瓶來欣賞，卻不願意與你親密交往。所以很多男性在選擇朋友時，寧可考慮女性是否溫柔，至於美醜，只要不太離譜，也都願意接受。

美醜除了與時代、社會差異有關，其實還有一點值得注意：有距離才有美感，保持距離就容易欣賞。

《莊子．逍遙遊》一開始就連續用三個故事講一條大魚（鯤）變成大鳥（鵬），然後大鵬鳥飛到九萬里之上。莊子說，從地面上看天空，蒼蒼茫茫，真是漂亮，但那是天空真正的顏色嗎？還是因為距離太遠，看不清楚的結果？同樣的，從天空看地面也是如此。[6]

一般人只覺得天空很美，卻忽略了距離所產生的美感。太空人登陸月球之後，不

5 陽子之宋，宿於逆旅。逆旅人有妾二人，其一人美，其一人惡。惡者貴而美者賤。陽子問其故，逆旅小子對曰：「其美者自美，吾不知其美也；其惡者自惡，吾不知其惡也。」陽子曰：「弟子記之，行賢而去自賢之行，安往而不愛哉！」（《莊子．山木》）

6 《齊諧》者，志怪者也。《諧》之言曰：「鵬之徙於南冥也，水擊三千里，摶扶搖而上者九萬里，去以六月息者也。」野馬也，塵埃也，生物之以息相吹也。天之蒼蒼，其正色邪？其遠而無所至極邪？其視下也，亦若是則已矣。（《莊子．逍遙遊》）

禁讚歎地球真美，但我們在地球上沒什麼感覺，因為人太多了，有各種壓力。而太空人在四周的星球中，發現只有地球是彩色的，因為有青山、河流、雪山、沙漠、森林等，所以讚歎地球真美！

法國有位社會學家強調，人的創意與人口密度有關，每平方公里三十人是最佳狀態。因此，人若走好久才能看到一個同類，自然會感到親切，也更容易與人保持距離，比較能有創意性的思考。這說明了有距離才有美感。

很多人喜歡到歐洲旅行，非常欣賞中世紀後期的古堡，彷彿自己身在電影與小說中。我曾到過比利時附近的一個小鎮，整個鎮就是一個城堡。我們羨慕當地人能住在這麼美好的地方，他們卻不覺得美，因為他們從小就在那兒長大，對他們而言，那兒與我們的住家沒有差別。

遊客到一個景點之所以覺得很美，是因為沒有利用的心態，如果住在當地，就必須知道郵局在哪裡、洗衣店在哪裡等，一想到這些，距離沒了，美感也就立刻消失了。這也是很有趣的現象。

老莊怎麼說？

在莊子看來，萬物皆有道，道存於萬物之中。人除了形體之外尚有精神，而精神便是心靈的主宰。我們每天為了生活奔波勞碌，不辭辛苦，是不是應該在恰當的時候停下急促的腳步，給自己一些心靈的慰藉呢？

慢慢走，欣賞呀！

有個朋友去過阿爾卑斯山，在山路上看到一個牌子，上面寫著：「慢慢走，欣賞呀！」

我們外出遊玩時，往往沿路奔波勞累，等到達目的地時，已經累昏了，毫無欣賞風景的心情。我們為什麼不能以從容的心態欣賞周圍的一切呢？拚命低頭趕路，便看不到沿途的景觀。

年輕時也許需要低頭趕路，努力奮鬥，但到了中年，就要稍微緩一口氣，欣賞風景。

每個地方的風景都不同，即使在自己熟悉的老家，每天看著相同的馬路、行道樹、四周房舍，然而，每天都是新的一天，就如同道家強調的，每一剎那都是不同的生命狀態。所以，我們要設法學習道家，就像莊子所說的，道在萬物裡，透過對萬物的欣賞，可以看見道的美好。

老莊怎麼說？

莊子說：「天地有大美而不言。」大美是無法描述的，天地之間的萬物都包含在內，所有的東西都美極了，但是它不用說話，不需要去宣揚、介紹，就看你是否懂得欣賞。每一個人、每一樣東西都有美好的一面，就看你是用何種心態去看待。

萬物的美，不需要說明

有個朋友讓我看他的攝影作品，全是天上的白雲，美得不得了！我問他在哪個風景區拍的，他說：「就在我家樓上。」天氣好時，他就拿著相機去拍，拍久了就成了一本作品集，看到照片的人都以為是在九寨溝或黃山拍的！

很多時候，就地取材就能欣賞到美好的東西，對自己要有自信，就像莊子說的：「天地有大美而不言。」學習道家就是希望能夠掌握到普遍的美感。

什麼是真善美？儒家對善講得最明白，因為儒家強調的是人與人的關係。人既然活在社會上與他人相處，社會追求整體的和諧，個人追求生命的成就，當然要注意人和我之間的適當關係了。一個人對父母如何，對長官、對朋友如何，都有一定的要求，這是一個社會不能沒有的善惡標準。

儒家的目標是《大學》裡所說的：「大學之道在明明德，在親民，在止於至善。」說到止於至善，每個人都會有壓力，因為我們永遠做不到，它代表的是一個最高的目標。由此可清楚看出儒家對善的詮釋。

道家所談的就不再是善了，而是「真」、「真實」，亦即所有的東西只要是真的，都來自於「道」。道就像萬物與我們的母親，我們與萬物都是道的子女，血脈相連，所以我們與萬物之間也是相通的，這就叫作「真實」。而從真實中，可以體驗審美的感受。

所以，在講真善美的時候，儒家的重點在於善，儒家提到美的時候，也會以善作為標準。研究儒家的人都知道，孔子喜歡講「人文之美」，有文化素養叫作「文」，很真誠叫作「質」，文質配合得恰到好處，就是人文之美。

孟子則強調「人格之美」，他說「充實之謂美」，意思是在任何時候、任何地方、任何情況，都能做到該做的善，如此人格就會顯得很美，值得欣賞。這是儒家的特色，以善作為美的基礎。

另一方面，道家認為只要真實就值得欣賞，萬物都是真實的，所以萬物都值得欣賞。這也是為什麼莊子會說：「天地有大美而不言，四時有明法而不議，萬物有成理而不說，聖人者，原天地之美，而達萬物之理。」[7]

這句話說得非常透澈，天地之間有全然的美妙，它不需要說話；四季春夏秋冬有明確的規則，它不用商量，春天該開什麼花、夏天該開什麼花，似乎都有個明確的道理。春耕夏耘、秋收冬藏，萬物該怎麼辦就怎麼辦，不需要多作說明。

把天地之美了解透澈，而達到萬物存在的道理，就是聖人了。所以，道家用各種方式來形容人，例如真人、至人、神人、天人，目的都在提醒我們：我們是凡人。我們往往就按儒家的方式生活，但也不能完全依靠儒家，當碰到考驗與逆境時，如果只有儒家的思考與作法，有時候會覺得很累。

因此，古代讀書人得意的時候是儒家，失意的時候變成道家；年輕時是儒家，年老時變成道家，在山水中逍遙自在。兩者兼顧，生命就能取得更大的穩定、更好的和諧。

7 天地有大美而不言，四時有明法而不議，萬物有成理而不說。聖人者，原天地之美而達萬物之理。是故至人無為，大聖不作，觀於天地之謂也。（《莊子・知北遊》）

老莊怎麼說？

莊子一再強調，天地有大美而不言，美是無法描述的。任何東西都有它美的一面，真實就是美，善良就是美，自信也是美。得道的人能夠與所處的環境渾然一體，活得自在而逍遙。那麼，如何才能領悟道家思想的真諦？為什麼要從美與醜開始來講述道家思想呢？

天下無美醜，庸人自擾之

以美與醜作為介紹道家思想的開始，係因這是我們視覺經驗最直接的感受，沒有人不喜歡美好的東西，也沒有人可以接受醜陋的東西。

但是道家老子與莊子都告訴我們，美與醜是相對的，不要執著於某一方，因為標準經常在改，會隨著不同的時代與環境而調整，如果執著於某一標準，往往會把自己限制在一個小範圍內。

我們學習道家時會發現，天下本無事，庸人自擾之，而分辨美醜就是其中之一。例如覺得自己老了，頭髮稀疏、滿臉皺紋，不想照鏡子了。

其實不用在意，要順其自然，老年有老年的美，就像小孩子有小孩子的美，不需要有差別心。如果從道家老莊來看，生命的每一剎那、世界上的每個事物，都有它的美，都值得我們欣賞。換言之，人生就是一個審美的過程，這是我們從道家所能得到的第一個啟發。

善與惡

2 號相對論

天地有大美而不言，而善也是一種美。

人們都說要行善避惡，然而，究竟什麼是善？什麼又是惡？

道家思想把善與惡看作人生的陰陽面，懷著包容的心態覽世事、閱人生。

但為什麼老子與莊子會對仁義懷有戒心？

為什麼孝道的六種境界離不開一個「忘」字？

說到善與惡，還真是複雜的問題，自古以來，每個社會都在分辨善惡，並且要求百姓要行善避惡。但為什麼仍有許多人難以達到這個要求呢？因為善惡的問題並不單純，至少可分為外在與內在兩個層面，外表都能照規矩來，但是內心沒有堅定的想法，一旦情況改變，說不定又陷入困境了。

有位校長經常勸學生考試不要作弊，上課時，我就問同學：「各位同學，校長老是勸你們考試不要作弊，你們作弊情況真的很嚴重嗎？」學生說：「是的。」很誠實，我再問：「你們為什麼要作弊呢？」他們的答案很簡單：因為別人都作弊。我們都習慣把責任推給別人，如此就能減輕自己的壓力。

我再問：「你們不知道作弊是錯的嗎？」他們回答說：「作弊不算錯，作弊被抓到才算錯。」這就糟糕了，作弊不算錯，被抓到才算錯。代表一件事情的善惡端看外在才能決定，內在並不覺得它有何對錯。如此等於是無源之水，只要沒有人看著，就什麼都可以做了嗎？

其實社會上也有很多類似的情況：我有一個老朋友，年紀也不小了，有天半夜開車，一點多了還在路上奔馳。遠遠看到紅燈，心裡掙扎要不要停呢？後來他心想，半夜了，哪會有人呢，就開過去吧！一開過去，警車追過來了，原來警察躲在樹後他沒看到。警察問他有沒有看到紅燈，他說看到了；知不知道紅燈該停車呢？他說知道；那為什麼沒停呢？他說因為沒看到你呀！

人都有惰性，有投機取巧的心態，這不是今天才有，古代就有了。古希臘哲學家柏拉圖有本著作叫作《理想國》，書中有個故事：有個牧羊人在郊外牧羊，發生大地震，地面裂開了，他看到地底下好像有東西，於是便下去找，找到一口大棺材，應該是某個帝王所有的。他把棺材撬開，看到一具骨骸，手上有一枚戒指，他便把戒指拿來戴在自己手上。

後來，國王召開牧羊人大會，會中他覺得十分無聊，就開始玩戒指。當他把戒面轉向自己時，發現沒人理他，揮手也沒人看到、跳舞也沒人管，原來他隱形了。他把戒面再向外轉出去，又恢復了原形。他發現這個祕密之後，就設法謀殺國王，取而代之。

今日科技那麼發達，恐怕再過一段時間，真會有讓人隱形的藥問世。幾年前，美國做過一項社會調查，問許多人：「如果可以隱形的話，你想做什麼？」結果百分之八十的人都說要搶銀行，因為別人看不見。

如果善惡的標準在於外在，而不是內在，這個社會豈不是很危險嗎？

老莊怎麼說？

古人講究慎獨，在無人注意的時候，做人做事更要坦蕩。老子與莊子認為，善惡的標準取自人的內心，相比於善行，道家更看重善心。那麼，依據道家思想，我們應該如何看待社會上真真假假的慈善行為？為什麼老子會反過來要求善人向不善的人學習呢？

做好事不叫「善人」

老子在《道德經》第二章「天下皆知美之為美，斯惡已。」之後接著說：「天下皆知善之為善，斯不善已。」意思是：天下人都知道怎樣叫作善，那麼不善就顯現出來了。

譬如，有個人捐了一百萬給孤兒院，報紙上大肆報導他是個善人，若是如此，沒捐一百萬的都不算是善人了嗎？捐錢是外在的行為，內心有沒有善意、善念更重要。儒家的善惡以真誠為前提，不是只看外在的規範，而是要從內心自我要求做起，換言之，行善是由內而發，行善之後的快樂也是由內而發。

老子除了說明善惡是相對的之外，更進一步用「水」作為比喻。我在北京首都機場二樓一家餐廳用餐時，看見店裡屏風上寫著四個字：「上善若水[1]」。這句話出自老子第八章，「上善」指的是最高的善。沒有人願意留在低窪或卑微的地方，但是水不在乎，水往低處流，對萬物都有利，它不與萬物相爭，因此表現了最高的善。

道家的善並非做一件好事，而是能夠像水那般順其自然，不與人爭，對別人都有幫助，就叫作「善」。

道家的思想一方面把善惡看成是相對的，同時也認為，人為了行善避惡，也可能扭曲本性。換句話說，就是不要刻意，刻意假裝或表現仁義，都不好。

道家有句話大家都知道：「竊鉤者誅，竊國者為諸侯，諸侯之門而仁義存焉。[2]」這句話分析起來也頗為有趣，第一句「竊鉤者誅」：偷帶鉤是要殺頭的。我念中學時第一次看到這句話，心想，怎麼偷一個魚鉤也要殺頭呢？後來才知道帶鉤是古代男子身上重要的裝飾品，有點像男生皮帶上的銅環，但是大上幾倍，像盤子一樣戴在身上。

1 上善若水。水善利萬物而不爭，處眾人之所惡，故幾於道。居善地，心善淵，與善仁，言善信，正善治，事善能，動善時。夫唯不爭，故無尤。（《老子》第八章）

2 彼竊鉤者誅，竊國者為諸侯，諸侯之門而仁義存焉。則是非竊仁義聖知邪？故逐於大盜，揭諸侯，竊仁義，并斗斛權衡符璽之利者，雖有軒冕之賞弗能勸，斧鉞之威弗能禁。此重利盜跖而使不可禁者，是乃聖人之過也。（《莊子・胠篋》）

有關帶鉤，最有名的就是齊桓公的故事：他還是公子小白時，與公子糾爭奪君位。管仲追隨公子糾，曾經用箭射中他的帶鉤，也就是差一點出人命了，由此可知帶鉤是非常貴重的飾品。

偷帶鉤要殺頭，偷國家就成為諸侯。就像陳恆弒簡公之後，到了齊威王，齊國便不再是原來的血統，因為他把整個國家偷了過來，自己變成諸侯。

「諸侯之門而仁義存焉」，在諸侯國的門前，很多人會說你是仁義的，因為當你成為諸侯之後，立刻分封各種官員，分封的官員當然對你歌功頌德，說你真是有仁有義。這句話十分具有批判性，古代也有不少具體的事實。由此可見為何道家對於仁義、行善十分警惕。

換個角度說，為什麼非要嚴格規定善與惡的區別呢？老子有句很有特色的話：「善人者，不善人之師；不善人者，善人之資。[3]」善人要做不善人的老師，壞人則是好人的借鑒。

這與孔子說的「三人行必有我師焉，擇其善者而從之，其不善者而改之」非常類似。但是老子的態度與立場不太相同，他認為師資互相需要，善人與不善人也可以互相轉化，沒有人生來就是善人或者不善人，大家都是慢慢形成的。並且一個人如果墮落，就會變成惡人，而惡人也可能改過遷善，所以道家喜歡採取包容的態度。

老莊怎麼說？

老子崇尚包容變通，他認為「道」是萬物的根源。在《道德經》裡，老子亮出了自己的三大法寶：一是「慈」，二是「儉」，三是「不敢為天下先」。在這其中，他特別強調「慈」如同萬物負陰而抱陽，善與惡也並不是黑白分明的。那麼，扭曲本性去行善，會造成哪些可怕的後果呢？

3 是以聖人常善救人，故無棄人；常善救物，故無棄物。是謂襲明。故善人者，不善人之師；不善人者，善人之資。不貴其師，不愛其資，雖智大迷，是謂要妙。（《老子》第二十七章）

為了行善，死了半村子的人

老子在《道德經》第六十七章講過[4]，他有三個法寶，其中第一個法寶叫作「慈」。在此，我們先有個基本觀念，「道」生出萬物，是萬物的母親，母親對於自己的子女一向都是包容的、接納的、不會挑剔的。一個人應有真正的慈愛，也就是佛教所說的慈悲心，對所有人都要包容。

假設你是個領導者，對部屬就要像母親一樣包容他們，不要苛責善惡。如果把惡的人全部開除，你又怎麼看得出誰是善的呢？要讓惡的人有改過的機會，知道他的困難何在並進一步幫助他，讓他可以重新回到正途。

為什麼不要嚴格區別善惡？因為刻意要求行善，有可能扭曲本性。《莊子》中有個故事：有一個人很孝順，父母過世後他每天痛哭，哭得形銷骨立，旁人看了都很感動，官方馬上封他一個官位。於是，同鄉的人開始效法他，父母過世都哭得形銷骨立，結果鄉裡一半的人都死了。

這個故事很有戲劇性，目的就在說明不要刻意，道家最反對刻意，因為會扭曲本性。老百姓追求利益，讀書人追求名聲，大夫追求自己家族的利益，聖人追求天下人的福利。這些其實都為了某些目的而傷害自己的本性，都是不理想的。

道家對人的本性十分重視，莊子曾提到有個小孩與僕人一起去放羊，但僕人在念書，小孩子在玩擲骰子的遊戲，結果羊不見了。在這個故事中，羊喻指人的本性，無論是為了念書或遊戲而讓羊走失，都是為了某些目的而傷害本性。[5]

4 我有三寶，持而保之。一曰慈，二曰儉，三曰不敢為天下先。慈故能勇；儉故能廣；不敢為天下先，故能成器長。今舍慈且勇；舍儉且廣；舍後且先；死矣。夫慈，以戰則勝，以守則固。天將救之，以慈衛之。（《老子》第六十七章）

5 自三代以下者，天下莫不以物易其性矣。小人則以身殉利，士則以身殉名，大夫則以身殉家，聖人則以身殉天下。故此數子者，事業不同，名聲異號，其於傷性以身為殉，一也。臧與穀二人相與牧羊，而俱亡其羊。問臧奚事，則挾筴讀書；問穀奚事，則博塞以游。二人者，事業不同，其於亡羊均也。（《莊子・駢拇》）

老莊怎麼說？

平常我們會說：善有善報，惡有惡報。然而莊子卻特別強調，善因未必就會生出善果，他還興致勃勃地舉了一連串的例子。如果行善不一定會有福報，那麼人們行善避惡的動力為何？從哪裡又可以看出儒、道截然不同的處世態度呢？

報德好？報怨好？

介之推在晉文公還是公子重耳的時候，曾經跟著他逃亡、幫助過他，甚至還割下自己大腿的肉讓晉文公吃。但是晉文公回國之後，幾乎把他忘了，後來經過別人提醒，晉文公開始找他，但介之推不肯下山，晉文公於是放火燒山，結果他就這樣抱著樹被燒死了。

另外還有個叫尾生的人，與女子約在橋下會面，時間到了，女子沒來。當時下著大雨，河水暴漲，他就在橋下抱著柱子被水淹死了。[6]

當我們在檢視善惡的報應時，要特別記住，善惡不能考慮外在的報應，行善應該是出於自己覺得快樂。別人有過失，要給他解釋的機會，讓他可以改過自新；別人做得好，就繼續鼓勵他，如此一來，整個社會將更容易走向善的一面。

《論語》有句話突顯出儒家與道家的差別：有人問孔子「以德報怨」怎麼樣，孔子說這不太好，如果別人對你不好，你對他好，那麼如果別人對你好，你怎麼辦呢？孔子說的是儒家的立場，也就是「以德報德，以直報怨」。

---

6 世之所謂賢士，伯夷、叔齊。伯夷、叔齊辭孤竹之君，而餓死於首陽之山，骨肉不葬。鮑焦飾行非世，抱木而死。申徒狄諫而不聽，負石自投於河，為魚鱉所食。介子推至忠也，自割其股以食文公，文公後背之，子推怒而去，抱木而燔死。尾生與女子期於梁下，女子不來，水至不去，抱梁柱而死。此六子者，無異於磔犬流豕操瓢而乞者，皆離名輕死，不念本養壽命者也。（《莊子・盜跖》）

相反的，道家的立場是從道來看，主張以德報怨——別人對我不好，我就對他更好，因為我相信他一定是有理由的，我要讓這個理由完全化解。所以老子說過：「和大怨，必有餘怨，安可以為善？」與他人有大的怨恨，就算和解了，還是可能會遺留小的怨恨，這怎麼算是好的辦法呢？有句話說「矯枉必須過正」，你對我不好，但我若是對你更好，便可能感動你。

老莊怎麼說？

百善孝為先。道家的處世哲學主張寬容善待傷害自己的人，就更不用說如何侍奉雙親了。如果說孝順可以分為六種境界，儒家的「尊親」、「愛親」只達到了前面兩種境界。那麼，接下來的四種境界又是什麼？道家孝道所講的「忘」，究竟是讓人們忘掉什麼呢？

孝順的重點在於「忘記」

說到行善，大家都知道「百善孝為先」，儒家講孝順，道家也講，如果把孝順分為六個階段，儒家只談到兩個階段，莊子另外還提到四個階段。

在此，我們先簡單描述一下孝順的六種境界[7]：

一、以敬孝：早晨起床向父母請安，回家時向父母問好。出於尊敬而孝順父母。

二、以愛孝：孔子曾回答子夏問孝，他說：「臉色保持和悅最難。」對父母要保持和悅的臉色，尤其父母年紀大了，生病時需要我們陪著看病，臉色保持和悅，才代表我們有真正的愛心。

7 故曰：『以敬孝易，以愛孝難；以愛孝易，而忘親難；忘親易，使親忘我難；使親忘我易，兼忘天下難；兼忘天下易，使天下兼忘我難。』夫德遺堯、舜而不為也，利澤施於萬世，天下莫知也，豈直太息而言仁孝乎哉！（《莊子・天運》）

儒家往往講到這裡就不再多說了，但莊子認為還有另外四種境界。

三、忘親：忘了父母是父母，等於把父母當作朋友。很多父母都很希望成為孩子無話不談的朋友，事實上卻很難。很多時候，孩子一上國中、高中，就不太與父母談心了。所以莊子說第三種孝是把父母當朋友。

四、使親忘我：父母有時候為各種問題煩惱，卻要小孩別操心，代表父母沒有把孩子當朋友。如果父母把孩子當朋友，無話不談，一家人不是如魚得水嗎？互相忘記對方是誰，所以無拘無束，自由自在。但這也只是第四種孝順。

五、兼忘天下：老萊子是古代二十四孝的代表之一，他的父母已經九十幾歲了，但他還是像小孩子一樣逗父母開心，回家穿著彩帶衣跳舞給父母看，摔跤時還發出嬰兒一樣的哭聲。我們很難想像七十幾歲的人還能這麼做，但在父母眼中，不管幾歲，孩子永遠是孩子。因此，孝順的時候要能忘記天下人，不理會天下人的指指點點。

父子騎驢的故事很適合說明這一點：父子兩人要趕一頭驢到城裡賣，走在路上，有人說：「這頭驢沒人騎不是浪費了嗎？」於是兒子騎了上去，但又有人說話了：「兒子騎驢，爸爸走路，太不孝順了。」兒子便下來讓爸爸騎驢，又有人說了：「爸爸騎驢，兒子走路，太不慈愛了。」兩人於是一起騎驢，又有人說話了：「兩個人騎一頭驢，虐待動物啊！」最後父子只好抬著驢進城。

親子關係何必在意別人指指點點？與父母有默契，天下人怎麼說，又何必在乎。

六、使天下兼忘我：孝順就像呼吸，是很自然的。除了要尊敬與愛心，還有一個關鍵叫「忘記」。但可不是忘了這個、忘了那個，真正的忘記，是忘記自己的特定身分與角色，與父母相處時，相互以道作為母親、作為最後的根源，讓生命可以展現更親密的交往與融合。

老莊怎麼說？

莊子說：「相呴以濕，相濡以沫，不如相忘於江湖。」忘記自己的社會角色，也是期待更親密地融合善與惡、是與非、物與我。在莊子看來，萬物之間沒有什麼嚴格的分別，這種齊物的智慧對於我們今天的生活有怎樣的啟迪呢？

真性情才能行善避惡

《莊子》中的〈漁父篇〉有個故事特別有趣：孔子在杏壇講學，附近有個漁夫划船經過，問學生這是誰呀？知道是孔子之後，他就問：「這個人有官位嗎？有負責的領地嗎？如果都不是，為什麼要擔心百姓的事呢？」不在其位不謀其政，孔子覺得很有道理，立刻向他請教許多問題，覺得受益很大。

這故事其中有段話說得很好：真實是一種內在精誠專注的態度，一個人若是勉強哭泣，雖然悲痛，卻不哀傷；一個人若是勉強發怒，雖然嚴厲，但不威猛；一個人若是勉強親切，雖然微笑，但不和善。真正的悲痛是沒有聲音而哀傷，真正的憤怒是沒有發作而威猛，真正的親切慈愛是沒有微笑而非常和善。[8] 這幾句話講得真好，有真實的內心，才能自然表現出來，道家對於這種真實也特別重視。

人的社會一定會分善惡，古今中外都要求人行善避惡，如此才能維持社會秩序、人群和諧。但善惡有些根本問題沒有辦法化解，因此我們就要思考道家的教訓，它不見得能對善與惡提出一套完整的理論，但至少要知道善惡只是一個社會不得不有的區別。

儒家用「由內而發」形容人真誠的情感，而道家也強調內在的真實才能感動別人，但兩者還是有些不同。

魏晉時代，新道家竹林七賢之首阮籍，他在母親過世時，照樣吃肉、照樣喝酒，別人都認為他真是不孝。但是，他在母親出殯的時候，一哭就吐血，因此很多人說他其實是故意與禮教做區隔，不受名教所困，但有真誠的情感——母親過世，外表看起來與別人並無兩樣，繼續日常的生活，但內心是悲傷的。

道家思想不會像阮籍這樣故意克制，其實平時難過痛哭，也都是自然的情感。道家強調自然、強調本性，如此自然而然就會行善避惡，這也是一種最高的理想。

---

8 孔子愀然曰：「請問何謂真？」客曰：「真者，精誠之至也。不精不誠，不能動人。故強哭者雖悲不哀，強怒者雖嚴不威，強親者雖笑不和。真悲無聲而哀，真怒未發而威，真親未笑而和。真在內者，神動於外，是所以貴真也。其用於人理也，事親則慈孝，事君則忠貞，飲酒則歡樂，處喪則悲哀。（《莊子・漁父》）

利與害

3號相對論

自嬰兒呱呱墜地，大人們就開始教授利與害的區別，讓孩子認識這個世界。

人的一生，利與害充斥著生活的各個方面，左右著我們的言行和心態，

然而，代表著道家學說的老莊思想，對於這個問題卻有獨到的見解和至高的境界。

究竟老莊是如何分析世間的利與害？

在生活中，我們怎樣才能趨利避害，達到道家學說的至高境界呢？

「利」與「害」這兩個字，內容其實相當複雜。一般人提到儒家，會說「見利思義」，只要看到有利可圖，就要思考該不該得，這是儒家的想法。道家不同，講的是「見利思害」，只要看到利益，就要思考有沒有害處，因為利害是一體兩面，這也是道家思想的特色。

欲望帶來災難

道家「見利思害」的思想，得從老子開始談起。老子看到天下大亂，便思考要如何改變現況，而天下之所以會亂，原因就在於人的「聰明」。人是萬物之靈，但人沒有牛的力量，跑也跑不過馬，人所憑藉的是「認知能力」。

小時候我們畫圖，畫一隻貓，底下寫「可愛的寵物」，畫一隻獅子，底下寫「可怕的猛獸」，如果不能區分這兩者的差別，小孩子到了動物園，見到獅子直說「好可愛呀」，擁抱一下，後果就不堪設想了。因此，人的第一個功課，就是運用我們的認知來區分利與害、能吃與不能吃、安全與危險，如此，人類才得以在宇宙中生存發展。[1]

但是，區分會帶來欲望，黃金比石頭好，人就想要黃金；鑽石比黃金好，人又想要鑽石。於是區分愈多，欲望就愈複雜，這是人之常情。

老子認為，如果天下大亂是因為人以認知作為區分，而區分帶來欲望，欲望造成爭奪。要改變這種情況，只有提升認知以協助我們加以避免。當我們理解更多可能造成災難的言行，並進一步避開之後，就能免去災難。

很多人喜歡看歷史故事，原因都是希望從中得到一些教訓，避免自己重蹈覆轍。但是問題來了，德國哲學家黑格爾說，人類從歷史中只學到一個教訓，那就是沒有學到任何教訓。這說明我們無法避開災難，所以過去歷史上所出現的問題，往往都會重複出現。

老子告訴我們要避開災難，讓生活比較順利，但這還不夠，如果他僅止於教世人避開災難，頂多是個深思熟慮的陰謀家。所以認知還有第三步，叫作「啟明」，也就是覺悟了從道來看萬物，從整體的角度出發，進而融於整體之內，就不會再計較利害了。

如同上述，我們今天講利與害，要從老子的避開災難開始，當看到任何利益的時候，都要想到有沒有後患，否則將來恐怕求榮反辱，求得反失。

老莊怎麼說？

道家思想推崇見利思害，這就如同我們常說：凡有一利者必有一害。但在現實生活中，利的誘惑無處不在，那麼，我們應當抱持什麼心態來面對眼前的利益？莊子又講述了什麼故事來告誡我們呢？

1 不尚賢，使民不爭；不貴難得之貨，使民不為盜；不見可欲，使民心不亂。是以聖人之治，虛其心，實其腹，弱其志，強其骨。常使民無知無欲。使夫知者不敢為也。為無為，則無不治。（《老子》第三章）

莊子被當成了小偷?!

說到利與害的關係，最簡單的一句成語叫作「螳螂捕蟬，黃鵲在後」，這是出自於《莊子》，但莊子不說「黃鵲」，而是說「異鵲」。「異」就是怪，「鵲」就是一般的鵲。莊子這麼說與他實際的遭遇有關。

莊子的生活非常窮困，因為在戰國時代中期如果出來做官，可能會有各種危險，所以莊子選擇明哲保身。但他已經結婚了，也有孩子，要怎麼養家餬口呢？《莊子》裡記載他在出門或釣魚時會帶著彈弓，有一次，他在栗樹園附近遊玩，一隻怪鵲從南方飛過來，翅膀張開有七尺，眼睛直徑有一寸，飛的時候，翅膀擦過莊子的額頭，最後停在栗樹林裡。莊子嚇了一跳，於是撩起衣裳走進去，手握彈弓守候在一旁，看看到底發生了什麼事。

原來，樹上有一隻蟬，正躲在舒服的樹蔭下高唱「知了知了」；另有一隻螳螂藏在樹葉的陰影處，看準這隻蟬準備下手，卻讓從空中飛過的怪鵲發現；這隻怪鵲一心只想抓螳螂，飛的時候翅膀不小心碰到莊子的額頭，讓莊子隨後跟了進來。

這時莊子心想，蟬後面有螳螂，螳螂後面是異鵲，異鵲後面是我這個獵人，那麼我後面肯定還有人吧！想到這兒，他嚇了一跳，因為他已經闖入栗樹園，沒來得及離開，栗園的守門人便追了出來，大喊「小偷！」。莊子這一生最大的屈辱，就屬這一次被人當作小偷在後面追趕，所以莊子回家之後，三天都不快樂。[2]

前面我們提過忘記的重要，這裡可以發現，忘記也有致命的問題：見到利益就忘記自己的處境。莊子說：這個世界都一樣，一環扣一環，追逐眼前的利益，後面還有更大的力量對付你，如果只看見自己的利益，就很容易忽略將來要付出的代價。這就是有名的「螳螂捕蟬」的故事。

莊子用了許多故事和寓言說明這種狀態，譬如，他說有個祭祀官對一隻豬說：「我

2 莊周遊於雕陵之樊，一異鵲自南方來者，翼廣七尺，目大運寸，感周之顙，而集於栗林。莊周曰：「此何鳥哉？翼殷不逝，目大不睹。」蹇裳躩步，執彈而留之。覩一蟬，方得美蔭而忘其身。螳螂執翳而搏之，見得而忘其形；異鵲從而利之，見利而忘其真。莊周怵然曰：「噫！物固相累，二類相召也。」捐彈而反走，虞人逐而誶之。莊周反入，三日不庭。（《莊子・山木》）

好好養了你三個月，現在又守戒七天、守齋三天才來迎接你，我先在地上鋪上白色的茅草，然後把你兩肩兩臀都放在繡滿紋彩的供桌上，這樣你滿意嗎？」

接著莊子就評論了：如果替豬設想，牠寧可吃糟糠，關在豬圈裡，至少還活著，牠寧可做一隻活著的豬，生活簡單平實、活久一點。但若是替人設想，該怎麼辦呢？人活著的時候享受榮華富貴，死的時候希望棺材靈車有各種裝飾品。替豬設想不願意接受，替人設想願意接受，難道人的處境比豬還差嗎？[3]

莊子這個比喻非常深刻，也非常尖刻，他提醒我們：為了眼前某些利益，結果傷害的是自己的生命。

老莊怎麼說？

司馬遷在《史記》中曾這樣描述莊子：「其學無所不窺。」意思是莊子看過所有的書籍，通曉各家的言論，有著非凡的智慧。但如此有智慧的人物，卻只做過很短時間的漆園小吏。到底莊子為何不願做官，甘於貧困？透過以牛做祭祀的寓言，他又說明了什麼道理呢？

3 祝宗人玄端以臨牢筴，說彘曰：「汝奚惡死？吾將三月豢汝，七日戒，三日齊，藉白茅，加汝肩尻乎雕俎之上，則汝為之乎？」為彘謀，曰不如食以糠糟而錯之牢筴之中。自為謀，則苟生有軒冕之尊，死得於腞楯之上，聚僂之中則為之。為彘謀則去之，自為謀則取之，所異彘者何也？（《莊子・達生》）

打滾的烏龜好過祭祀的牛

有人想請莊子做官，莊子於是跟對方講了一個以牛做祭祀的寓言：要送去祭祀的牛，平常披的是紋彩刺繡，吃的是青草大豆，但一旦要送到廟裡祭祀時，牠就是想做一頭孤單的小牛也不可能。[4] 莊子用寓言的方式，說明別人給你好處，讓你吃好、穿好，最後的目的就是要拿你當祭品。

再談一段大家都熟悉的故事：莊子在濮水邊釣魚，楚王派了兩位大夫來找他，轉告楚王準備將國家大事委託給他。莊子頭都不回地說：「你們楚國不是有一隻神龜嗎？已經死了三千年了，楚王把牠的骨頭放在竹箱裡面，蓋上錦繡的布，供在廟堂上。請問這隻烏龜是喜歡活著、拖著尾巴在泥巴地裡打滾呢？還是喜歡死了留下骨頭，被供在廟堂之上呢？」這兩位大夫異口同聲說：「當然希望活著，拖著尾巴在泥地裡打滾。」莊子就說：「我就是要像這隻烏龜自由自在，多活幾年。」[5]

人生不能什麼都要，如果要追求富貴，就要付出代價，但想要過自由自在的生活，就必須能夠安於平凡、安於貧窮。

老莊怎麼說？

君子之交淡若水，小人之交甘若醴。這句富含人生哲理的成語出自《莊子》，莊子認為真正的友情像水一樣平淡而淡以親，而建立在利益上的感情，看似如美酒般甘甜，但甘以絕。那麼，莊子究竟是如何看待世間的情感呢？對於人與人之間的利與害，莊子又講述了怎樣寓意深刻的故事呢？

4 或聘於莊子。莊子應其使曰：「子見夫犧牛乎？衣以文繡，食以芻菽，及其牽而入於大廟，雖欲為孤犢，其可得乎！」（《莊子・列禦寇》）

5 莊子釣於濮水，楚王使大夫二人往先焉，曰：「願以竟內累矣！」莊子持竿不顧，曰：「吾聞楚有神龜，死已三千歲矣。王巾笥而藏之廟堂之上。此龜者，寧其死為留骨而貴乎？寧其生而曳尾於塗中乎？」二大夫曰：「寧生而曳尾塗中。」莊子曰：「往矣！吾將曳尾於塗中。」（《莊子・秋水》）

嬰兒比千金璧玉更值錢

莊子說：有一個國叫「假國」，假國有一個人叫林回，這個人逃難的時候，捨棄千金的璧玉，卻背著嬰兒逃跑。別人看不懂，問他為什麼捨棄價值千金的璧玉，卻背著嬰兒逃走。林回說：帶璧玉是為了利益，帶嬰兒是出於本性。如果因為利益而結合，將來遇到災難禍患，也會彼此分開；因為本性而結合，遇到災難禍患，還是可以緊緊相連。6

接著，莊子說了一句很有名的成語，即「君子之交淡若水，小人之交甘若醴」。君子交往的時候很平淡，像流水一樣，但是流水可以長期發展。小人在一起非常甜蜜，但經常不容易維持，因為小人是以利害的考量在交往，所以一旦利益發生衝突，馬上翻臉而去。

莊子又說一個古代的故事：韓國與魏國為了爭奪邊界的土地鬧得不可開交，子華子拜見韓昭僖侯，向他進言：「假設各國簽署一張盟約，誰得到這張盟約，就可以號令天下，但是，左手取得盟約就砍去右手，右手取得盟約就砍去左手，請問你還要這張盟約嗎？」昭僖侯想了一想說：「我寧可兩隻手都在，也不要號令天下，天下畢竟是外在的，這雙手卻是我的。」子華子進一步分析：「兩隻手都勝過天下，何況是身體？韓國與天下相比十分渺小，你現在所爭的土地，與韓國比起來，只是一小部分而已。為了這一點小小的土地，每天煩惱傷害身體，這是划不來的。」昭僖侯一聽就懂，他說：「很多人來勸諫，但你說的最有道理，因為你懂得分辨輕重。」7

---

6 子桑雽曰：「子獨不聞假人之亡與？林回棄千金之璧，負赤子而趨。或曰：『為其布與？赤子之布寡矣；為其累與？赤子之累多矣；棄千金之璧，負赤子而趨，何也？』林回曰：『彼以利合，此以天屬也。』夫以利合者，迫窮禍患害相棄也；以天屬者，迫窮禍患害相收也。夫相收之與相棄亦遠矣；且君子之交淡若水，小人之交甘若醴。君子淡以親，小人甘以絕，彼無故以合者，則無故以離。」（《莊子・山木》）

7 韓、魏相與爭侵地。子華子見昭僖侯，昭僖侯有憂色。子華子曰：「今使天下書銘於君之前，書之言曰：『左手攫之則右手廢，右手攫之則左手廢，然而攫之者必有天下。』君能攫之乎？」昭僖侯曰：「寡人不攫也。」子華子曰：「甚善！自是觀之，兩臂重於天下也，身亦重於兩臂。韓之輕於天下亦遠矣，今之所爭者，其輕於韓又遠。君固愁身傷生以憂戚不得也！」僖侯曰：「善哉！教寡人者眾矣，未嘗得聞此言也。」子華子可謂知輕重矣。（《莊子・讓王》）

有時候，人為了一個目標努力奮鬥，得到之後才發現並不快樂，這就是人生的困難。你要得到任何利益，都要先衡量必須付出什麼代價、得到之後會不會帶來真正的快樂？利害之間的關係，自古以來都值得我們認真去面對、去思考。

老莊怎麼說？

在生活中，利與害總是存在於每一件事情中，人們渴望得到利益，並避免不利的因素。自古以來，為了趨利避害，人們常常利用占卜為自己的決定尋找依據，希望自己能事事順利、命運亨通。然而，莊子對此有不同的見解，在他的一則寓言中，父親因為兒子的命好而哭泣，這究竟是為什麼呢？透過這個故事，莊子又將給我們怎樣的啟示？

享樂前先問酒肉來源

莊子也提到一些有關算命的故事：有個人名叫子綦，有八個兒子，他找來算命師九方歅幫忙看相。子綦問八個兒子中哪一個命最好，九方歅說：「梱的命最好，他一輩子都與國君一起，有酒肉可以吃。」

子綦聽了反而傷心流淚：「酒肉只是口鼻享受，如果沒有追究酒肉來源，恐怕必有後患，代價恐怕付不起。我從來不教子女追求世間的享受，現在他居然有與國君一起享受酒食的命，我為此而哭泣呀！」

這個父親的想法很符合莊子的要求，他知道事情恐怕沒那麼簡單。後來，子綦派梱到燕國去辦事，途中卻被強盜給抓走了，雙腳被砍斷，賣給齊康公當守門人，只要齊康公吃什麼飯菜，廚房就留一份給守門人。[8] 換句話說，他的確一輩子有酒肉可以吃，但這樣的命誰要呢？我們總不能說他的命不錯，跟國君一樣，有很好的生活享受吧！

很多時候，人家說你的命不錯，就要立刻想到自己必須付出什麼代價？有福氣消受嗎？如果消受不了，寧可不要。莊子提到這個算命的故事，用意在提醒我們不要有各種奢望，如果事情真的發生，只有設法調整自己的心態。

有關算命，一般人多半存著趨利避害的心理，譬如中國有部經典《易經》，此書除了義理之外，也講象數，象數就是古人用來占卦的，有其靈驗的部分。但是問題在如何解卦，解卦的目的不是為了解決困難，而是教人了解實際的情況，進而設法修養自己的品德。換言之，《易經》真正的教訓不在於告訴人吉凶禍福，而是讓人修練自己的品德、能力與智慧。正因為如此，《易經》才能成為中國重要的經典。

老莊怎麼說？

我們常說「做事情要趨利避害」，但是事情的發展往往存在著許多不確定的因素，有時候因為變化，會造成利與害的轉化，「塞翁失馬焉知非福」就是這個道理。那麼，在現實生活中，該如何衡量利與害，面對人生的波瀾起伏？我們又該站在怎樣的高度，從容以對呢？

拿多拿少，整體都是一樣的

談到有關利與害，我們都知道，一個社會的利是有限的，就好像只有少數人會得到富貴一樣。儒家強調手段的正當性，道家比較強調客觀的趨勢，有時候會提到命運不是你可以掌握的，有時候是大勢所趨，譬如改革開放三十年，中國大陸經濟繁榮，這不是某幾個人的功勞，而是整個時代趨勢的結果。若是三十年前，不論你再怎麼努力，也不見得可以獲得這些利益。所以很多時候我們就要問：自己在這裡面扮演什麼樣的角色、能掌握的利益是多少？有時空有利益，卻不見得能享受。

以儒家來說，人見到利，就要思考該不該得。孟子周遊列國，因為他認為自己是

8 子綦有八子，陳諸前，召九方歅曰：「為我相吾子，孰為祥？」九方歅曰：「梱也為祥。」子綦瞿然喜曰：「奚若？」曰：「梱也將與國君同食以終其身。」子綦索然出涕曰：「吾子何為以至於是極也？」……無幾何而使梱之於燕，盜得之於道，全而鬻之則難，不若刖之則易，於是刖而鬻之於齊，適當渠公之街，然身食肉而終。（《莊子．徐無鬼》）

在做該做的事；就算有利，也不是為自己，因為儒家總是希望能夠透過做官來造福百姓。

戰國時代中期，莊子觀察到許多人透過各種手段達到目的，進而造福自己。這說不定反而會帶來災難，因為看得不夠長遠。而道家講求的是從整體來看，莊子對此所用的比喻是「朝三暮四」。

有一個人養了很多猴子，後來大概是錢不太夠用了，就和猴子開會商量：「以後給你們吃的栗子，早上三升、晚上四升，各位覺得怎麼樣？」猴子們聽了都很生氣。於是這個人又說：「那麼我們換一換，早上四升、晚上三升，怎麼樣？」猴子們聽了都很高興。[9]

莊子為什麼講這個寓言呢？難道他是要說猴子不懂算術嗎？因為前面三加四等於七，後面四加三也是七，總數是一樣的，只不過分配的方式不同，但是猴子為什麼前面會生氣、後面反而高興呢？

我們都知道猴子被耍了，但我們不也是一樣嗎？什麼叫作「朝三暮四」？就是年輕的時候比較苦，到中晚年的時候比較好，等於年輕時拿少一點，以後拿多一點。那什麼叫「朝四暮三」呢？少年得志，年輕的時候什麼都有了，到晚年時相對就比較缺乏了。但是一般人都喜歡先拿多一點，朝四暮三，卻忽略了整體是一樣的。

若是將個人生命當作整體來看，一生有多少東西、得到什麼、失去什麼，總量是差不多的。要先拿到很多，以至於晚年時很少；還是願意倒過來，年輕的時候辛苦一點，晚年可以過得自在一點；端看每個人的自由選擇。但是要記得，在一個人的生命中，總量是一樣的。

也許有人不是如此，我認識一個朋友，年輕的時候少年得志，老年的時候還能大器晚成，先拿四、後面也拿四，一個人占盡所有的好處。有這樣的人嗎？也許有，但是不多。這樣的人可以過得比較快樂嗎？不一定，因為一個人一輩子順利，他的時間、

---

9 凡物無成與毀，復通為一。唯達者知通為一，為是不用而寓諸庸。庸也者，用也；用也者，通也；通也者，得也。適得而幾矣。因是已，已而不知其然，謂之道。勞神明為一而不知其同也，謂之朝三。何謂朝三？狙公賦芧，曰：「朝三而暮四。」眾狙皆怒。曰：「然則朝四而暮三。」眾狙皆悅。名實未虧而喜怒為用，亦因是也。是以聖人和之以是非而休乎天鈞，是之謂兩行。（《莊子・齊物論》）

力量、精神，都用在外在世界，一輩子就忙著跟別人來往，其實也很辛苦，沒有機會照顧到內在的生命。

相反的，也有人說，我這一生都不順利，前面拿三、後面也是三，年輕的時候不得意，老年也不怎麼樣，如此不是很委屈嗎？也別說委屈，這代表比較有機會耕耘自己內在的生命，而內在的自我修練、自我成長，才是決定生命價值的關鍵所在。

因此，今天我們講利害關係，這本來就是相對的，有利就有害，有害也可能有利，且長遠來看，為了大的利而承受小的害，或者說現在有一點小利，將來有大害，都要做整體的考量。一方面，自己的生命是一個整體，一方面整個宇宙是一個整體，在道裡面。就好像魚在水裡，什麼利害關係都不用計較，發生在別人身上的事，自己也能感應相通，這是道家很高的境界。

4 號相對論

爭與不爭

自從有了人類社會，就有了利益之爭，時至今日，社會的競爭更加激烈，人們在生存競爭的壓力中透不過氣來。

對於這種人類社會不可能避免的競爭，老子和莊子卻有著獨到的見解。

那麼，老子和莊子是如何看待競爭的？面對激烈競爭的現實社會，到底是應該爭、還是不應該爭？

我們都知道人類的社會有競爭才有進步，這是自古以來的鐵律，但是競爭要到什麼程度呢？能不能換個角度來思考有關競爭的問題呢？尤其是做長輩的，對於子女、晚輩，總希望他們在念書、求學、做事等各方面都能夠有好的表現。

有一個美國老太太帶著兩個孫子上街，別人碰到她就問：「妳這兩個孫子很可愛，今年幾歲呀？」老太太說：「做醫生的九歲，做律師的七歲。」這說明了外國人跟我們一樣，當孩子還小的時候，就已經為他規劃要當醫生或律師。

如果社會上每一個人都做醫生、律師，那麼別的行業誰來做呢？因此，在討論爭與不爭的時候，要先了解，三百六十行、行行出狀元，但要選擇適合自己的路去發展，這就不容易了。

說到競爭，我想到多年前的一個同事，他兒子念小學一年級時，每天高高興興上學，快快樂樂回家，和同學都處得非常好。但他有個缺點，每一科都是全班最後一名，所以同學們特別喜歡他，他一來大家就放心了，反正有人最後一名，這也讓這個孩子缺乏信心。

當爸爸的心想，孩子快樂固然很好，但是不能沒有信心，於是他對孩子說：「從今天開始，我們來玩個遊戲，每天放學回來之後，當天老師教什麼，爸爸再教你一遍！」小孩子聽到有人要陪他念書，就像玩遊戲一樣，很開心。就這樣，下一次考試，這孩子考了全班第一名，令所有人目瞪口呆。孩子回到家很開心，父親對他說：「我只是想讓你明白，只要用功就可以考第一名，現在你應該有自信了。不過為了讓你活得快樂一點，以後你還是考最後一名吧！」

這個孩子小學玩了六年，有快樂的童年與美好的回憶，雖然功課都是墊底的，但交了很多朋友。後來上國中的時候，他主動向父親說：「我已經玩夠了，從現在開始，我要好好念書了。」結果一路念到高中、大學，父親都不用再操心。

這種情況真令人感動，因為我們都不敢冒險嘗試，而我這個同學實驗的結果是非常好的。一個人做事，可以是因為外在的要求，或者是出於內在自發的意願。

講到爭與不爭，老子在書中多次提到盡量不要跟別人爭。他的三寶之一「不敢為天下先」，指的是我不願意處在天下人領先的地位，因為處在天下人領先的地位就很難領導別人了。老子的意思是：如果我當領導，也是要別人推舉我，讓我來替大家服務。並非我與別人爭，爭到最後我最強，所以能夠來領導別人，若是如此，就怕別人只是力量比不上我，卻不見得心服口服。1

有個美國人回到家很開心地對他太太說：「今天是我的好日子，因為我打敗了兩個世界冠軍。」他太太說：「你何德何能？有什麼專長可以打敗世界冠軍？」他說：「我和世界游泳冠軍比賽網球，和世界網球冠軍比賽游泳，兩項我都贏了，不就是打敗了兩個世界冠軍嗎？」

這話也有道理，何必拿自己的弱點去跟別人的優勢競爭呢？我有一次在北京國際機場遇到一個美國ＮＢＡ的球隊，每個人身高都是兩米以上，我走在裡面以為自己是小人國的人，更別說要和他們打籃球了。這時候就要知道，他們有這樣的專長與條件，我們就不要勉強自己，不要說什麼人定勝天，因為最後可能只落得事倍而功半。

1 江海所以能為百谷王者，以其善下之，故能為百谷王。是以聖人欲上民，必以言下之；欲先民，必以身後之。是以聖人處上而民不重，處前而民不害。是以天下樂推而不厭。以其不爭，故天下莫能與之爭。（《老子》第六十六章）

老莊怎麼說？

關於爭與不爭，老子曾說：「天之道，利而不害；聖人之道，為而不爭。[2]」意思是說，自然的規律是不爭的，天道只是利於萬物，人們也應當效法天道，擁有不爭之德。然而，現代社會是個競爭愈演愈烈的時代，面對優勝劣汰的壓力，人們很難擺脫困境。那麼，如何才能做到「為而不爭」？老莊思想又有什麼獨到的見解呢？

爭再多也是白費

在《莊子》中，延續老子的思想，從人與人之間最容易發生的競爭說起，也就是辯論。

莊子有一個朋友名叫惠施，專門與人辯論，口才確實非常好，一般人不是他的對手。惠施說雞蛋裡面有毛，如果你懷疑，他會說如果雞蛋裡沒有毛，為什麼孵出來的小雞會有毛呢？這也對呀，哪一隻小雞生出來沒有毛的？牠從雞蛋裡孵出來，表示雞蛋裡面本來就有毛。

惠施這種說法忽略了時間的變化，從潛能到實現的過程，直接將現狀與將來的結果做對照，這是詭辯，但你也很難說他錯。他還說過雞有三隻腳，你認為莫名其妙，他說兩隻腳的雞就像木頭雞或死掉的雞，怎麼會走路呢？所以雞有三隻腳，第三隻腳是看不到的神足，叫精神上的腳，它可以讓具體的腳走路。[3] 這種話會讓人覺得有點強詞奪理，但惠施也能講出一番道理來。

---

2 信言不美，美言不信。善者不辯，辯者不善。知者不博，博者不知。聖人不積，既以為人己愈有，既以與人己愈多。天之道，利而不害；聖人之道，為而不爭。（《老子》第八十一章）

3 惠施多方，其書五車，其道舛駁，其言也不中。……「卵有毛；雞三足……」（《莊子‧天下》）

惠施雖然很厲害，卻占不到莊子的便宜。《莊子》中出現的惠施往往只是莊子談話的重要道具。

有一年春暖花開，莊子、惠施兩個人相約到郊外踏青，來到一座橋上，莊子從橋上往下看，河流裡有幾條白魚從容地游來游去，莊子心情不錯，就說：「這是魚的快樂啊！」惠施一聽機會來了，就說：「且慢，你不是魚，怎麼知道魚快樂呢？」莊子說：「你不是我，怎麼知道我不知道魚快樂呢？」惠施說：「好，我不是你，所以我不知道你是否知道魚快樂，那你也不是魚，你也不應該知道魚是否快樂。」莊子說：「你問我怎麼知道魚快樂，不就代表你知道我知道魚快樂才這麼問我的嗎？我怎麼知道的？我站在這邊一看就知道了。」[4]

我們都知道辯論有個簡單的規則，誰最後不講話，誰就輸了。惠施最後不講話，當然代表他輸了；再說，如果是莊子輸了，這段話怎麼會寫在莊子的書上呢？

這時候我們就要問了：惠施為什麼輸了？

在過去的注解中，就像郭象所說的，莊子之所以會贏，是因為他體察萬物。我是一個人，我看到魚在水中從容地游來游去，就把我的情感投射到魚身上，設想我是魚，所以很快樂。從郭象之後的一千多年，學者們都是這麼解釋的，說莊子心胸開闊，可以體察萬物，所以惠施輸了。

但是，當兩個人辯論的時候，可以用體察來作為論據嗎？我跟你辯論，我說「根據我的體驗、我的經驗」，如此別人是不能接受的，因為體驗或經驗並不算是論證。要讓口才這麼好的惠施認輸，只有一個辦法，就是指出他的自相矛盾。

當莊子說魚真快樂，惠施聽到之後，就知道莊子知道魚快樂。但是惠施又說「我不是你（莊子），所以我不知道你是否知道魚快樂」，前面說知道莊子知道魚快樂，後面又說不知道莊子是否知道魚快樂，這就叫作自相矛盾。

所以從邏輯上來看，惠施等於上當了，他自己對莊子說的兩句話，就陷入邏輯的

4 莊子與惠子遊於濠梁之上。莊子曰：「鯈魚出游從容，是魚樂也。」惠子曰：「子非魚，安知魚之樂？」莊子曰：「子非我，安知我不知魚之樂？」惠子曰「我非子，固不知子矣；子固非魚也，子之不知魚之樂，全矣。」莊子曰：「請循其本。子曰『汝安知魚樂』云者，既已知吾知之而問我。我知之濠上也。」（《莊子・秋水》）

矛盾。說清楚之後才發現這個問題其實很簡單，只是個邏輯問題，而不是什麼體驗問題。

一般人很喜歡在跟他人意見不同的時候溝通一下，但是溝通時往往很難找到公平客觀的裁判，所以莊子在《齊物論》中有一段非常生動、也很有趣的描述。

莊子說：假設你跟我辯論，你勝過我，代表我一定錯、你一定對嗎？或是我勝過你，代表你一定錯、我一定對嗎？或者我們兩個都錯或都對呢？看來這是沒辦法取得互相了解的，我們找個裁判，裁判如果贊成你的話，那怎麼當裁判呢？裁判如果贊成我的話，也不能當裁判呀。裁判如果贊成我們兩個人的話，那他既然兩個都贊成，又怎麼當裁判呢？裁判如果反對我們兩個人的話，那他既然反對我們兩個人，怎麼能當裁判呢？這麼看來，你和我和別人，都沒辦法判斷誰對誰錯。[5]

這段話聽起來像繞口令，它強調的是，任何兩個人意見不同，沒有其他人可以當裁判，因為很多時候，每個人所持的觀點不同。譬如，兩個武士爭鬥，因為他們看到一面盾牌，這邊說盾牌是金的，那邊說盾牌是銀的，兩個爭執不下，打了一架。最後發現盾牌有兩個顏色，一邊是金的、一邊是銀的，所以兩個人都對，都沒錯。

在《莊子》中稱這種狀況為「兩行」，就是兩個都行，分不出誰是誰非。事實上，在辯論時，有時都對，有時都錯，有時在不同的情況下一個人是對的，換了一種情況，就變成了另一個人是對的。因此，我們在談到言語上的辯論時不能忽略：是非是相對的，無法確定。

5 既使我與若辯矣，若勝我，我不若勝，若果是也？我果非也邪？我勝若，若不吾勝，我果是也？而果非也邪？其或是也，其或非也邪？其俱是也，其俱非也邪？我與若不能相知也。則人固受其黮闇，吾誰使正之？使同乎若者正之，既與若同矣，惡能正之？使同乎我者正之，既同乎我矣，惡能正之？使異乎我與若者正之，既異乎我與若矣，惡能正之？使同乎我與若者正之，既同乎我與若矣，惡能正之？然則我與若與人俱不能相知也，而待彼也邪？（《莊子．齊物論》）

老莊怎麼說？

戰國時代百家爭鳴，各執己見，互不相讓，於是莊子作〈齊物論〉，闡述世界萬物看起來千差萬別，歸根究柢卻又是齊一的觀點。他認為是非只是人們從某一個角度出發而作的相對性結論，不可能永恆不變，要爭辯出對錯的辯論，根本沒有意義，這是莊子「不爭」思想的基礎。另外，莊子認為「不爭」時，也會有「不爭而勝」的意外收穫，這是怎麼回事呢？

做人要呆若木雞

《莊子》書中主張最好不要爭，他舉了很多有趣的故事。

吳王帶著部下渡過長江，來到一座「猴山」，整座山都是猴子。猴子看到人來了，立刻躲到森林裡去，但是有一隻猴子表演的欲望特別強，在樹上攀來翻去，跳躍打轉。吳王看了很生氣，就拿箭來射，結果猴子還把箭給抓住，吳王更生氣了，就叫左右一起發弓，結果把猴子射死了。[6]

這說明猴子太喜歡表現，也太過於展示競爭的心理，結果死於非命。

《莊子》講的寓言故事雖然很短，但很有趣。古代人們生活枯燥，於是就發明了一些遊戲活動，譬如鬥雞。紀渻子為齊王養鬥雞，養了十天，齊王沒有耐心了，就問他：「這鬥雞養得怎麼樣？可以上場了嗎？」紀渻子說：「不行，這隻雞全是虛驕之氣，意氣用事，看起來很凶的樣子，其實牠只是虛張聲勢而已。」

過了十天，齊王又問：「雞可以上場了吧？」紀渻子說：「還是不行，這隻雞對

6 吳王浮於江，登乎狙之山。眾狙見之，恂然棄而走，逃於深蓁。有一狙焉，委蛇攫搔，見巧乎王。王射之，敏給搏捷矢。王命相者趨射之，狙執死。（《莊子‧徐無鬼》）

外來的聲音與光景還是有所反應，代表牠還沉不住氣。」再過十天，齊王說：「雞該可以上場了吧？」紀渻子說：「還是不行，因為這隻雞還是目光銳利，盛氣不減。」

到了第四十天，齊王實在沒有耐心了，這時候紀渻子說：「可以上場了，這隻雞對於外來的刺激完全沒有反應了，像一隻木頭雞一樣。」牠一上場，別的雞都不知道怎麼回事，只認為牠莫測高深，紛紛掉頭跑了，於是這隻雞就成了所向無敵。[7]

我們今天所說的「呆若木雞」，指的是一個人遲鈍的樣子，但想不到呆若木雞在《莊子》中是很高的層次，代表已經忘記自我，沒有競爭的心態，結果反而讓人覺得不能與其爭。就好像老子說的「夫唯不爭，故天下莫能與之爭[8]」，因為不與人爭，也就沒有什麼弱點或漏洞可以被對方打擊的。

老莊怎麼說？

老莊思想所提倡的「不爭而善勝」，其實是要把浮躁和妄動收斂起來，而默默地凝聚力量於內，因此看似呆若木雞，卻能所向無敵！那麼，除此之外，莊子還用哪些寓言故事，闡述他的「不爭」觀點？現代人又能從中得到怎樣的啟示呢？

---

7 紀渻子為王養鬥雞。十日而問：「雞已乎？」曰：「未也，方虛憍而恃氣。」十日又問，曰：「未也，猶應嚮景。」十日又問，曰：「未也，猶疾視而盛氣。」十日又問，曰：「幾矣，雞雖有鳴者，已無變矣，望之似木雞矣，其德全矣。異雞無敢應者，反走矣。」（《莊子‧達生》）

8 曲則全，枉則直，窪則盈，敝則新，少則得，多則惑。是以聖人抱一為天下式。不自見，故明；不自是，故彰；不自伐，故有功；不自矜，故能長。夫唯不爭，故天下莫能與之爭。古之所謂曲則全者，豈虛言哉！誠全而歸之。（《老子》第二十二章）

蝸牛角上的競爭

我們再看另外一段故事：惠施在梁國當宰相時，接到莊子的信，說要到梁國拜訪他。惠施很高興，老朋友要來，而自己現在當宰相，很有面子啊！但是惠施的部屬卻很緊張，提醒他：莊子的才華這麼高，恐怕要取代你宰相的位置啊！惠施一聽，就下令貼出莊子的畫像，在全國搜捕莊子。

莊子何曾受過這種委屈？有這種對待老朋友的方式嗎？於是莊子主動找上惠施，直接向他說：「南方有一種鳥，叫作鵷雛，這種鳥向北方飛，專門挑梧桐樹停下來休息，不是甘美的泉水不停下來喝，不是竹子結的果實不停下來吃。當鵷雛飛行時，底下有一隻貓頭鷹，抓到一隻腐爛的老鼠，貓頭鷹見牠飛過去，以為是要與自己搶這隻老鼠，不免大叫一聲『嚇』！」接著，莊子說：「你想用梁國來嚇我嗎？」[9]

換句話說，在莊子看來，惠施當個宰相，只是抓到一隻腐爛的老鼠，自己怎麼會與他相爭呢？經過這樣的周折，惠施明白了。

這時，梁國和齊國有一個盟約，但齊國背棄梁國，梁王很生氣，準備派刺客去謀殺齊王。大將軍聽到後很生氣，說：「大王不是一般百姓，怎麼可以派刺客去刺殺對方的國君呢？給我二十萬大軍，我保證把齊國打敗。」

接著，另外一個大臣便說：「我們有七年沒有打仗了，如果動武的話，前面七年的和平不是可惜了嗎？一切又要重新開始，所以最好不要打仗。」另外又有人說：「主張打仗是搗亂的人，主張不要打仗的人也是搗亂的人，像我這樣說別人的也是搗亂的人。」這個人很有趣，他的意思是：天下本無事，何必製造困擾呢？

這時候惠施來了，向大王推薦了一個叫戴晉人的人。戴晉人來了之後就對梁王說，蝸牛頭上有兩支角，一邊叫作蠻氏，一邊叫作觸氏，等於兩個部落。他們在蝸牛角上還要爭地方，經常打仗，一打打了十幾天，還死了幾萬人。但是別忘記，就算贏了，

---

9 惠子相梁，莊子往見之。或謂惠子曰：「莊子來，欲代子相。」於是惠子恐，搜於國中三日三夜。莊子往見之，曰：「南方有鳥，其名鵷鶵，子知之乎？夫鵷鶵，發於南海而飛於北海，非梧桐不止，非練實不食，非醴泉不飲。於是鴟得腐鼠，鵷鶵過之，仰而視之曰：『嚇！』今子欲以子之梁國而嚇我邪？」（《莊子・秋水》）

得到的也只是蝸牛角而已。天下這麼大，一望無際，一個小小的國家放到天下來看，實在是太小了吧！這一講之後梁王就想開了，天下這麼大，何必為了一點土地去與人爭呢？[10]

這就說明人要把眼光放大，根本不需要去爭。打開眼界、放寬心胸就會發現，與人相爭的執著根本沒有必要。

說到眼光放大，《莊子》中最經典的就是〈秋水篇〉。秋天到了，水氣旺盛，各處都下雨，山上很多支流的水都流到黃河裡，使得黃河河水暴漲，從這岸看過去，居然看不清對岸是牛還是馬。這時河神很得意，認為天下最偉大的就是自己了，因為從這邊看過去連對面是牛是馬都分不出來。

這確實不簡單，古人的視力不像現代人，很少因為讀書而犧牲視力，而現在居然連牛馬都分不清，顯然河面距離很遠。

接著，河水向東而流，入於北海，這時一看，海才真的偉大，它一望無際，根本沒有邊，河還有兩邊呢！因此河神就對海神說：「海神，還是你偉大，我以前以為自己了不起，真是井底之蛙。」海神對他說：「你確實是太渺小了，在天地中，海也不算什麼！」他接著說：「中國在四海之內，只是倉庫裡的一粒米而已。」[11]

---

10 魏瑩（梁王）與田侯牟（齊王）約，田侯牟背之；魏瑩怒，將使人刺之。犀首公孫衍聞而恥之，曰：「君為萬乘之君也，而以匹夫從讎！衍請受甲二十萬，為君攻之，虜其人民，係其牛馬，使其君內熱發於背，然後拔其國。忌也出走，然後抶其背，折其脊。」季子聞而恥之，曰：「築十仞之城，城者既七仞矣，則又壞之，此胥靡之所苦也。今兵不起七年矣，此王之基也。衍亂人，不可聽也。」華子聞而醜之，曰：「善言伐齊者，亂人也；善言勿伐者，亦亂人也；謂伐之與不伐亂人也者，又亂人也。」君曰：「然則若何？」曰：「君求其道而已矣！」惠子聞之，而見戴晉人。戴晉人曰：「有所謂蝸者，君知之乎？」曰：「然。」「有國於蝸之左角者，曰觸氏；有國於蝸之右角者，曰蠻氏，時相與爭地而戰，伏尸數萬，逐北旬有五日而後反。」君曰：「噫！其虛言與？」曰：「臣請為君實之。君以意在四方上下，有窮乎？」君曰：「無窮。」曰：「知遊心於無窮，而反在通達之國，若存若亡乎？」君曰：「然。」曰：「通達之中有魏，於魏中有梁，於梁中有王。王與蠻氏，有辯乎？」君曰：「無辯。」客出而君惝然若有亡也。客出，惠子見。君曰：「客，大人也，聖人不足以當之。」惠子曰：「夫吹筦也，猶有嗃也；吹劍首者，吷而已矣。堯、舜，人之所譽也；道堯、舜於戴晉人之前，譬猶一吷也。」（《莊子．則陽》）

11 秋水時至，百川灌河。涇流之大，兩涘渚崖之間，不辯牛馬。於是焉河伯欣然自喜，以天下之美為盡在己。順流而東行，至於北海，東面而視，不見水端。於是焉河伯始旋其面目，望洋向若而嘆曰：「野語有之曰，『聞道百，以為莫己若者』，我之謂也。……」北海若曰：「……自以比形於天地，而受氣於陰陽，吾在於天地之間，猶小石小木之在大山也。方存乎見少，又奚以自多！計四海之在天地之間也，不似礨空之在大澤乎？計中國之在海內，不似稊米之在太倉乎？」（《莊子．秋水》）

年輕時，我的老師方東美先生很喜歡稱莊子是太空人，因為只有從外太空看地球，中國才能像一粒米一樣。想想看，要從多遠的距離，才能把地球看成一顆比乒乓球還小的球，然後把中國看成像一粒米？心胸開闊之後，一切都容易看開了。

這樣的比喻，對西方文學也有些影響。美國作家梭羅在他的《湖濱散記》中就提到莊子的這種觀念。梭羅原本是一個哈佛畢業生，卻住在荒涼的湖邊，他偶爾也需要到農莊去買鋤頭或者工具，農夫見到他都很好奇，因為在那個年代，美國人能念大學的是極少數，尤其是哈佛這麼好的學校。

這些農夫於是問他：「你一個人住在湖邊不覺得寂寞嗎？」梭羅說：「我不覺得寂寞，在整個宇宙中，地球只是一個黑點，在一個小小的黑點上，我們隔得再遠又能有多遠呢？」他說這是受到莊子思想的啟發，在古代能有這樣的遠見、心胸，確實讓人讚歎、驚訝。

因此，在思考爭與不爭的時候，我們常說一句話：忍一時風平浪靜，退一步海闊天空。並不是凡事都要忍耐、退讓，而是很多時候，要衡量自己是否有必要去爭，在這一方面讓別人一步，其他方面別人可能讓得更多。如果事事與別人爭，自己也很辛苦。

老莊怎麼說？

人生在世，生命非常渺小而又短暫，打開眼界，放寬心胸，會發現與人相爭的執著，根本沒有必要。但人活著就會有競爭，莊子也承認人類社會是「有競有爭」的。放寬心胸，說起來容易，做起來卻很難。那麼，人們如何做到「不爭」？在老莊的智慧中，有沒有讓人輕鬆達到「不爭」境界的法門呢？

把自己變成一艘空船

《莊子》中有段小故事：當一個人坐船渡河的時候，有一艘空船撞上來，一個人脾氣再怎麼不好，都不會生氣，因為空船上沒有人，要對誰發脾氣呢？但如果船上有其他人，他就會生氣了。

這代表什麼？人如果能夠「虛己以遊世」，空虛自己，把自己變成像空船一樣，船上沒人，那麼就算碰到別人，別人也不會怪你，因為你把自己變成像空虛的東西，不見了。相反的，如果自我意識很強，到任何地方都要與別人競爭，那麼就算沒碰到你，別人也會開始對你不客氣。12

「虛」這個字，正好是老子的方法。學習道家總要有一些修練的法門，這時候就要看《老子》第十六章：「致虛極、守靜篤」，意思是追求虛要達到極點，守住靜要完全確實。

一般人都喜歡實，老子也說實，「虛其心、實其腹」，肚子吃飽，心要保持空虛。但是心怎麼保持空虛呢？什麼都不要想嗎？我們在學老子的「虛」時，最好把它理解為「單純」。當你經過一所幼稚園，會聽到裡面快樂的笑聲，小孩子因為單純，所以快樂，只要看到父母，就覺得很開心。但是，當小孩子慢慢長大，進入國中、高中、大學，看到父母還會滿足嗎？不會的，因為他開始複雜化了，會希望得到這個、獲得那個，快樂反而減少了。

因此，「虛」這個字的含義也就是盡量單純。

其實，人活在世界上，很多時候要問自己：最近比較快樂，為什麼？因為心裡只有一個目標，當心中只有一個目標的時候，雖然辛苦，但可以不以為意。然而，如果有兩個以上的目標同時出現，就苦不堪言了，因為你隨時都會掛心雙方面，到時候兩者恐怕很難並存。所以「虛」就是指單純，設法讓生命在每個階段都保持單純，這樣一來，很多別人需要表現的地方讓他表現，而自己也能因為長期投注在某個固定的目

12 方舟而濟於河，有虛船來觸舟，雖有惼心之人不怒；有一人在其上，則呼張歙之；一呼而不聞，再呼而不聞，於是三呼邪，則必以惡聲隨之。向也不怒而今也怒，向也虛而今也實。人能虛己以遊世，其孰能害之！」（《莊子‧山木》）

標，把力量集中，而比較容易達成。

第二個字叫作「靜」。古代的人，家裡有錢的可以買銅鏡，擦亮之後可以當鏡子來照；一般窮人往往不知道自己長什麼樣子，只好到河邊對著河水來照。但是河水有兩種，一種是流動的，一種是平靜的，在活動的流水中一照，臉是花的，所以水一定要平靜，才能照見人的樣子。

莊子也很喜歡拿鏡子做比喻，他說「至人之用心若鏡[13]」，最高境界的人，他的心就像鏡子一樣，鏡子本身必須沒有灰塵，若是自己本身沾滿灰塵，各種欲望混雜在其中，那就什麼都看不清了。

這也是為什麼我們會認不清一個人，因為我們自己有偏見、執著或盲點。如果把內心擦亮，像鏡子一樣，沒有任何執著，沒有任何灰塵，萬物在你面前也都會原形畢露，一眼就看出真相。

因此，老子的「虛」與「靜」在這裡也能提供參考，就是一方面我們同意一個社會有競爭才會進步，但這是針對整體的描述，個人是可以做選擇的，年輕的時候要競爭，這比較符合生命自然的韻律，但如果一路都要競爭，可就苦不堪言了。此外，在爭的時候要記住，只能爭某一方面，守住自己小小的天地，認真以內在的力量去經營，其他的，就讓別人去發揮吧。

老莊怎麼說？

老子認為虛靜是生命的本質，萬物的生長雖蓬勃而複雜，但生命都是由無到有，由有再到無，最後總會回復到空虛而寧靜的根源。而人的內心只有真正能達到虛靜、空靈的境界，才能真正解脫繁瑣，放下牽累。那麼，人們究竟該如何「道法自然」，達到虛靜的最佳心態呢？

13 無為名尸，無為謀府，無為事任，無為知主。體盡無窮，而遊無朕。盡其所受乎天而無見得，亦虛而已。至人之用心若鏡，不將不迎，應而不藏，故能勝物而不傷。（《莊子・應帝王》）

心靈無限大

《老子》中有句很多人都喜歡的話：「道大、天大、地大、人亦大。」第一個「道大」，道家的道就是萬物的來源與歸宿，如果道不大，還有什麼可以稱為大呢？「天大」，天無所不覆蓋；「地大」，地無所不承載，我們所見的天與地，當然是最大的了。

但是說到「人亦大」就有問題了，人其實就身體來說是很小的，講道、講天、講地，都是有形可見的，或者道是作為根源的，在這方面都是大得不得了。但人的生命不是很小嗎？因此我們可以知道所謂的「人亦大」，所指的並不是身體，而是人的心靈。

莊子的〈逍遙遊〉一開頭就講有一條魚，其大不知道幾千里，魚變成鳥，鳥的背部也不知道幾千里。

有人看《莊子》以為是神怪故事，古代的各種想像湊合在一起。其實不是，莊子描寫鯤、描寫鵬，一定會強調大，因為老子說過「人亦大」，人也可以變成大。人的大是需要某種修練才能提升、轉化的，換句話說，如果能夠了解道、了解天與地，自己也會變得那麼大了。

判斷一個杯子多大，是看它能裝多少水，裝的水愈多，當然杯子愈大。小的杯子如何裝許多水呢？法國作家雨果說過一句話：我們所見的是陸地最大，但是海洋比陸地更大，天空又比海洋更大，而人的心可以比天空還大。如果人的心可以比天空還大，表示人能夠包容像天一樣的領域，所以人的大在於心靈，它可以不斷地開闊境界，到最後可以包容萬物，最高境界就是悟道。

道家肯定每一個人都有這樣的潛能，端看你能不能經過修練並加以發揮。發揮之後，看到這麼大的天地，還與別人爭什麼呢？自己生命裡就有無限的偉大了，不需要在乎外在競爭後的所有得失成敗了。或者說，即使不得不競爭，也對於自己的得失成敗能夠看得開，因為人生一定有路可走，而路是要由內在開發出來的。

今天討論爭與不爭時，先要了解莊子怎麼從人與人之間在辯論上不容易找到共識與客觀的裁判，再轉換各種方式來說明：競爭的下場往往不太好。而且，若真的看開，競爭是需要耗費力氣的。從道家這些觀點中，確實可以給我們帶來一些啟發。

5 號相對論

有用與無用

從古至今，成為「有用之才」，是社會的需要和人們的追求。

在現實世界中，有人被認為「有用」，有人則被認為「無用」。

但在老莊的思想中，卻提出了「無用就是有用，大無用就是大有作為」這樣獨到的見解。

那麼，老莊思想所說的「無用」，究竟隱藏著什麼穿越古今的大智慧？

面對現實的激烈競爭，我們真的可以選擇「無用」嗎？

一般人都希望成為有用的人才，但是我們討論有用時，別忽略了宇宙萬物都有某種用處，只看它有沒有適當的機會表現出來。

一張百元大鈔與一塊硬幣哪一個有用？若要在社會上使用，當然是百元大鈔有用。但若到了荒島上，就會發現硬幣更有用了，把它磨一磨，可以當成很好的工具，解決許多問題。一個人在沙漠旅行，到關鍵的時刻，一杯水有用、還是一顆鑽石有用？一杯水的價值當然遠遠超過一顆鑽石。

電影《明天過後》描寫地球發生大災難，很多地方都像進入冰河期，這時有一群人躲在紐約的圖書館裡，他們把那些厚的、原裝的、古版的、非常有價值的書，一本一本丟到壁爐裡當柴火燒，因為火能夠保住這些人的性命。換言之，書本在此刻和柴火的價值相同。

這一幕給我很深的印象，其中還特別提到好幾位哲學家的書，包括尼采，看了真令人心疼。但人到了這個關頭，還能想到書本有用嗎？先保住命再說吧！

這些簡單的例子，無不說明每樣東西都有它的用處，端看是否使用在適當的地方。

相同的，老子對於萬物也有一種態度：要幫助萬物自己去發展，而不敢去操縱它。[1]

我們所見的萬物，每一樣都有用，但是從人的角度來看，有一些比較有用，有一些就變得比較無用了。事實上，許多過去被認為是廢物、垃圾的東西，今天卻可以再生成為重要的資源；從前認為無用或丟棄的，現在卻變得很有價值。因此老子認為沒有人是廢人，也沒有物是廢物，每樣東西都值得珍惜。道產生萬物，萬物既然在道中，就沒有理由說什麼是無用的。

西方有個觀念：「自然界不會跳躍。」大自然中任何東西，包括一棵小草，都是有用的，假如你把它拿走，自然界就多了個空隙，這會造成大問題的。

這種觀念近似老子的思想，他珍惜萬物的自然，即自己如此的狀態。老子說：「道法自然[2]」，許多人認為這是提醒人要與大自然配合，適應大自然的環境，其實不然。「道法自然」前面還有幾句，即「人法地，地法天，天法道，道法自然」，意思是生活在什麼樣的地理環境，就要按照所處地理環境的條件來安排生活，也就是「人法地」。「地法天」的「天」代表天時，春夏秋冬。沙漠、海洋的形成，都是因為天所造成的結果。「天法道」，道讓一切保持生態的平衡。

「道法自然」，意思並不是說道還要去效法自然界，而是指道所取法的就是萬物自己如此的狀態。換句話說，從任何東西本身就是如此的狀態就可以看到道，道是無所不在的。

老莊怎麼說？

老子是道家學說的代表，他認為世間萬物都是有用的，關鍵在於是否用在合適的地方。作為老子哲學思想的繼承者和發展者，莊子對於有用和無用的思想又有著怎樣的延伸？在老莊思想中，究竟什麼才是真正的「有用」呢？

1 是以聖人欲不欲，不貴難得之貨；學不學，復眾人之所過，以輔萬物之自然而不敢為。（《老子》六十四章）

2 故道大，天大，地大，人亦大。域中有四大，而人居其一焉。人法地，地法天，天法道，道法自然。（《老子》二十五章）

用對地方才有用

莊子舉了些例子，他說一棵大的棟梁可以衝撞城門，但是無法堵塞小洞；騏、驥、驊、騮這四種駿馬，一天能奔馳千里，但是在捕捉老鼠的時候比不上野貓與黃鼠狼；貓頭鷹晚上可以抓到跳蚤，還能看清毫毛，但是白天瞪著眼睛也看不見眼前的一座山。[3]

這說明各種東西在某些特別的情況、條件下都有作用，不能做全面的要求。因此莊子並非只強調無用之用是為大用，他也強調萬物都有用，只看是否用對地方。

說到用，《莊子》裡有個最好的例子，說明要用對地方[4]：宋國有一家人，世世代代都以漂洗絲絮為業，冬天手很容易裂開，但他們有讓手在冬天不會龜裂的祖傳藥方。有個遠地來的客人想出一百金買這個藥方，這家人一聽心動了，於是賣出藥方。

客人帶著藥方跑去吳國，正好那年冬天越國興兵來犯，吳王就派這個人當將軍。最後吳國打贏了，因為他有讓士兵手不會龜裂的祕方，而越國的士兵連刀槍都拿不穩。因此，他列地而封之，成為一個大將軍。

同樣是能讓手不龜裂的藥物，有人世世代代替別人洗衣服，有人則可以得到一塊土地、封一個王侯，就看是否用對地方。任何東西都有小用，也有大用，莊子提醒我們，每樣東西都有它特定的價值，要用對地方。

3 梁麗可以衝城，而不可以窒穴，言殊器也；騏驥驊騮，一日而馳千里，捕鼠不如狸狌，言殊技也；鴟鵂夜撮蚤，察豪末，晝出瞋目而不見丘山，言殊性也。故曰，蓋師是而無非，師治而無亂乎？是未明天地之理，萬物之情也。（《莊子・秋水》）

4 惠子謂莊子曰：「魏王貽我大瓠之種，我樹之成而實五石。以盛水漿，其堅不能自舉也。剖之以為瓢，則瓠落無所容。非不呺然大也，吾為其無用而掊之。」莊子曰：「夫子固拙於用大矣。宋人有善為不龜手之藥者，世世以洴澼絖為事。客聞之，請買其方百金。聚族而謀曰：『我世世為洴澼絖，不過數金。今一朝而鬻技百金，請與之。』客得之，以說吳王。越有難，吳王使之將。冬與越人水戰，大敗越人，裂地而封之。能不龜手，一也，或以封，或不免於洴澼絖，則所用之異也。今子有五石之瓠，何不慮以為大樽而浮乎江湖，而憂其瓠落無所容？則夫子猶有蓬之心也夫！」（《莊子・逍遙遊》）

老莊怎麼說？

惠施，名家的代表人物，與莊子雖為摯友，但也是不折不扣的「學術對頭」。他認為莊子的思想大而無用，但是在莊子看來，世間萬物都是有用的。那麼，「無用」二字，在莊子的思想裡又如何解釋？惠施能否被莊子說服呢？

不會叫的鵝反被殺

莊子常說些深遠的話，讓人覺得大而無當，他的朋友惠施就常與他辯論。有一次，惠施直接對莊子說：「你的話都是無用的，別人聽不進去，也沒什麼意義。」莊子耐心地回答：「我來告訴你什麼是無用，對我們有用的是腳下這塊地，但若去掉這塊地以外的地方，對我們有用的這塊地，還是有用的嗎？」5

假設一個大學生讀四年書，對他有用的就是大學與附近的地方嗎？大學之外的地方，在那幾年對他都無用嗎？若只注意到學校，而把自以為無用的都屏除，那麼對他有用的學校，最後也就變成無用了。學校之所以有用，正因為有許多目前對他無用的地方，正等著他去接觸、了解與發展。

這就是「無用之用是為大用」，「有用」是因為有「無用」，對照起來，才使有用成為有用，因此無用也是有用。這是莊子的論證，惠施最後也無話可說了。

「無用之用是為大用」在《莊子・逍遙遊》出現過：惠施當梁國宰相時，梁王送他一顆種子，後來結了個五石重的葫蘆，惠施把它剖一半當作舀水的工具，但沒有這

5 惠子謂莊子曰：「子言無用。」莊子曰：「知無用而始可與言用矣。夫地非不廣且大也，人之所用容足耳。然則廁足而墊之致黃泉，人尚有用乎？」惠子曰：「無用。」莊子曰：「然則無用之為用也亦明矣。」（《莊子・外物》）

麼大的缸可以容下它，最後只好把它打破了。莊子說，這真是浪費，有這麼好的葫蘆，怎麼不把它當作腰舟呢？就好像救生圈，可以讓人浮游於江海之上。

惠施說：「你這話大而無當，簡直無用之至。」

莊子顯然有點不悅，他說：「你看那野貓與黃鼠狼，專門等著抓晚上跑出來玩的小動物，東跳西跳的，沒想到最後掉到陷阱裡死掉了。再來看那犛牛，大得像天邊的雲朵一樣，連老鼠都抓不到，但牠很自在、安詳。你有這麼大的一棵樹，為什麼不把它種在了無人跡的地方呢？在那裡，你可以在樹下輕鬆自在，也不會有人去砍伐它，這不是很愉快嗎？」[6]

《莊子》中另有〈山木〉篇：莊子在山中行走時，看見一棵大樹，枝葉十分茂盛，伐木的人卻在樹旁休息，而不是在砍樹。莊子問他什麼緣故，伐木的人說：「這棵樹沒有任何用處。」莊子對弟子說：「這棵樹因為不成材，得以過完自然的壽命。」

接著，莊子一行人從山裡出來，借住在朋友家中，朋友很高興，吩咐僮僕殺鵝來款待客人，這時僮僕請示說：「一隻鵝會叫，另一隻不會叫，請問該殺哪一隻？」主人說：「殺不會叫的那隻。」[7]

以上幾則故事，都發人深省，說明「無用之用是為大用」的意義。

---

6 惠子謂莊子曰：「吾有大樹，人謂之樗。其大本擁腫而不中繩墨，其小枝卷曲而不中規矩。立之塗，匠者不顧。今子之言，大而無用，眾所同去也。」莊子曰：「子獨不見狸狌乎？卑身而伏，以候敖者；東西跳梁，不避高下；中於機辟，死於罔罟。今夫斄牛，其大若垂天之雲。此能為大矣，而不能執鼠。今子有大樹，患其無用，何不樹之於無何有之鄉，廣莫之野，彷徨乎無為其側，逍遙乎寢臥其下。不夭斤斧，物無害者，無所可用，安所困苦哉！」（《莊子・逍遙遊》）

7 莊子行於山中，見大木，枝葉盛茂，伐木者止其旁而不取也。問其故，曰：「無所可用。」莊子曰：「此木以不材得終其天年。」夫子出於山，舍於故人之家。故人喜，命豎子殺雁而烹之。豎子請曰：「其一能鳴，其一不能鳴，請奚殺？」主人曰：「殺不能鳴者。」明日，弟子問於莊子曰：「昨日山中之木，以不材得終其天年；今主人之雁，以不材死。先生將何處？」莊子笑曰：「周將處夫材與不材之間。」（《莊子・山木》）

老莊怎麼說？

莊子認為：無用也是有用，大無用就是大有作為。但是，樹無用能得以保全，鵝無用卻慘遭殺食，同為「無用」，竟然有著兩種截然不同的後果。難道我們真的應該坦然去面對「無用」嗎？我們究竟該如何選擇？無用、還是有用呢？

孔子書都白讀了

經過這件事之後，莊子的學生們心情有點緊張，就問莊子，山上的大樹因為無用所以保全生命，山下的鵝因為無用就被殺了，怎麼辨呢？究竟是要有用、還是無用呢？

莊子說，要處在有用與無用之間。判斷最重要，當有用比較安全時，就要有用；

當無用比較安全時，就要無用。這涉及對人生豐富的認識，需要了解人生各種情況。

梁啟超先生的《飲冰室全集》很有名，「飲冰」二字就來自《莊子》，意指大臣接到國君的命令，「朝受命而夕飲冰[8]」，國君的命令刻不容緩，希望立刻見到效果，因此大臣接到命令後就覺得著急，太緊張了，憂心如焚，不知如何完成國君的使命，晚上得喝冰水解熱。

可見莊子非常明白做官是怎麼回事。官場、商場、富貴、貧賤之間，人間所有的情況，莊子完全了解，了解之後才能選擇適當的態度。就像他所說的：「周將處夫材與不材之間」，有用與無用之間，所需要的是判斷。

道家的思想希望人人都能安全活著，安享天年。天年就是自然的壽命，一個人該

8 葉公子高將使於齊，問於仲尼曰：「……吾食也執粗而不臧，爨無欲清之人。今吾朝受命而夕飲冰，我其內熱與！吾未至乎事之情，而既有陰陽之患矣。事若不成，必有人道之患，是兩也。為人臣者不足以任之，子其有以語我來！」（《莊子・人間世》）

活多久，不要提早結束，也不要幻想益壽延年，將來變成神仙。神仙這個概念在《莊子》中可以找到根據，但那不是莊子真正的意思，只是一種描述的方式，並非真的有人練成神仙了。

講到有用地活在世界上，在莊子心目中，最有名的是儒家的孔子，他說了一段有趣的故事。孔子去拜訪老子，向他說：「我辛苦研究六經，也了解先王的理想，憑藉這些重要的觀念，我拜見了七十二位國君，卻沒有人理我，讓我倍感挫折，這是怎麼回事呢？」老子教訓他：「你所學的都是古人的糟粕，並不是精華，真正的精華是道，是與道有關的覺悟。你把古人的經典當作寶貝，但文字只是一個載體，真正的精神不在裡面。」於是他給了孔子一些建議，因為孔子在世人眼中是有用的人。[9]

不過，莊子認為孔子不了解時代的趨勢，他曾用「推舟於陸」形容儒家：把船推到陸地上，就算船在水上行走順利，上了陸地還是走不動的。[10]

莊子的比喻都非常原始，也非常粗糙。他說，若讓猴子穿上周公所製作的服裝，牠非要把它撕得稀爛不可，猴子不能接受這種禮儀，牠就喜歡過在樹上的生活。像這種比喻都非常具有諷刺意味，也發人深省。

講到有用無用，很多人都會把它跟讀書聯想在一起，確實如此，《莊子》中就有則齊桓公在堂上讀書的故事。

齊桓公在堂上讀書，堂下有個做輪子的工人上前問道：「不知君上在念什麼書、是誰寫的書？」齊桓公很得意，說是聖人的書。工人再問了，聖人還活著嗎？當然過世了！工人接著說：「聖人過世了，那麼您讀的書就只是糟粕而已。」齊桓公生氣了，他說：「寡人讀書，你竟然妄發議論，如果講出個道理就放你一馬，否則就殺了你。」

工人卻說：「臣只是以自己的工作來理解，我做輪子，下手慢了就會鬆動而不牢

---

9 孔子謂老聃曰：「丘治《詩》、《書》、《禮》、《樂》、《易》、《春秋》六經，自以為久矣，孰知其故矣；以奸者七十二君，論先王之道而明周、召之迹，一君無所鉤用。甚矣夫！人之難說也，道之難明邪？」老子曰：「幸矣，子之不遇治世之君也！夫六經，先王之陳迹也，豈其所以迹哉！今子之所言，猶迹也。夫迹，履之所出，而迹豈履哉！」（《莊子．天運》）

10 夫水行莫如用舟，而陸行莫如用車。以舟之可行於水也，而求推之於陸，則沒世不行尋常。古今非水陸與？周魯非舟車與？今蘄行周於魯，是猶推舟於陸也，勞而無功，身必有殃。彼未知夫無方之傳，應物而不窮者也。（《莊子．天運》）

固，下手快了就會緊澀而嵌不進去。要不快不慢，得之於手而應之於心。但這種心得沒有辦法教給我兒子，所以我七十幾歲了還在做輪子。換句話說，我的心得是長期經驗累積下來的，無法用文字寫出來，言語也說不出來。由此看來，君上所讀聖人的書就是糟粕。」[11]

最後齊桓公有沒有殺他？結果不得而知，寓言故事並不在乎結果，只是讓齊桓公知道，不要以為書本的文字就代表真正的智慧，真正的智慧是古人的心得，文字只是一個載體。透過對文字的理解之後，要活學活用，才是真正的有用。

老莊怎麼說？

莊子提倡人要處在有用和無用之間，才能安全，活得自在。但在現實生活中，這樣的尺度卻很難判斷。那麼，我們該如何把握、處理事情？老莊又推崇怎樣的最佳狀態呢？

在亂世中活得更自在

《莊子》中又提到另外一段有趣的故事：南榮趎年紀很大了，去拜訪庚桑楚，庚桑楚說：「我已經沒辦法教你了，你年紀這麼大，我為你寫封推薦信，讓你去請教我的老師吧！」南榮趎就挑個扁擔，帶了必備的東西，走了七天七夜，找到老子。他向老子請教了三個問題：

第一、我很聰明嗎？太聰明就會計較，恐怕會傷害別人的利益，但不聰明別人又

11 桓公讀書於堂上，輪扁斲輪於堂下，釋椎鑿而上，問桓公曰：「敢問：公之所讀者，何言邪？」公曰：「聖人之言也。」曰：「聖人在乎？」公曰：「已死矣。」曰：「然則君之所讀者，古人之糟魄已夫！」桓公曰：「寡人讀書，輪人安得議乎！有說則可，無說則死！」輪扁曰：「臣也以臣之事觀之。斲輪，徐則甘而不固，疾則苦而不入，不徐不疾，得之於手而應於心，口不能言，有數存焉於其間。臣不能以喻臣之子，臣之子亦不能受之於臣，是以行年七十而老斲輪。古之人與其不可傳也死矣，然則君之所讀者，古人之糟魄已夫！」（《莊子・天道》）

罵我笨，究竟是聰明好，還是不聰明好呢？

第二、我要有愛心嗎？如果有愛心，看到別人有難就要幫忙，累得要命，但沒有愛心，又覺得不忍心。

第三、我要有義氣嗎？有義氣，見到該做的事就做，會覺得很辛苦，但該做的不做，心裡又過意不去。[12]

有時候人就是會面對兩難，不知該怎麼選擇。要是聰明又有仁義，代表你很有用；要是不聰明也不講仁義，代表你無用。人該怎麼選擇立身處世之道？《莊子》中經常提到類似的問題，有時有用很好，有時候退一步無用，可以獲得更好的效果。

莊子認為，人活在世上，如果只注意到別人的需求，而忘記自己的需求，最後生命將會落空。因此，有人把莊子與當代西方的存在主義做比較，認為存在主義強調個人的存在必須自己做抉擇，尤其是沙特所說的「存在先於本質」，存在是選擇成為自己的可能性，選擇成為自己，將來才會有你所選擇的本質出現。

舉例來說，大學時立志當工程師，這個選擇就是存在，存在就是選擇的可能性。如果將來真的變成工程師了，具備了工程師的本質，也即是存在先於本質。這種想法是個人的生命要自己負責。

很多人參加升學考試，往往都是父母或長輩的建議，自己並沒有想清楚適合做什麼。結果，人所努力追求的目標往往都是社會上所共同認定的目標，自己不見得喜歡，因為每個人都有不同的興趣與志向，而最難的就是了解自己。

有時候，人所做的事，在別人眼中都是無用的，所以很多藝術家在年輕時很辛苦。我最近碰到幾個朋友，他們的孩子學藝術，對他們來說，藝術都要轉換成能夠兌現的價值，才代表成功。

當代很受重視的藝術家梵谷，他活著的時候，完全不考慮現實問題，一輩子只賣出一幅畫，還是他的弟弟找人幫忙買的。梵谷活得太不愉快了，最後自殺，只活了

12 南榮趎俯而慚，仰而歎曰：「今者吾忘吾答，因失吾問。」老子曰：「何謂也？」南榮趎曰：「不知乎？人謂我朱愚。知乎？反愁我軀。不仁則害人，仁則反愁我身；不義則傷彼，義則反愁我己。我安逃此而可？此三言者，趎之所患也，願因楚而問之。」（《莊子・庚桑楚》）

三十七歲。作為一個畫家，只對藝術負責，他要創造，而他的畫今天看來是有其特殊價值的。梵谷作畫時有沒有想過有用無用呢？從世俗的眼光來看，梵谷實在沒什麼用處，因為他過世後大概二、三十年才出名。

梵谷過世幾十年之後，記者開始報導有關他的事情，後來找到他以前的一個鄰居，當時還只是個小女孩，現在已經年紀大了。記者問她記不記得小時候隔壁住了一位畫家，這位女士說：「我記得他很奇怪，和一般人不同，不管颳風下雨，一大早就背著畫具去外面畫畫了。」記者很高興，就請她再描述，這女士想了半天，說了一句話：「他是神經病！」這就是梵谷給人的印象。

但在今天，梵谷隨便一幅畫，包括素描，都是幾百萬、上千萬美金！他當時並沒有想到這些，他的畫作也不是用金錢可以衡量的，而是他的畫充滿對生命的渴望，確實給很多人審美的感動。這就是藝術，梵谷的有用，不在於現實的利益與條件。

有用無用不能用一種標準來判斷，所以一個人的生命發展過程要對自己負責。莊子為什麼選擇過貧窮的生活？因為他為自己負責，他不願意失去自己的本性，為了達到某些外在的目的而扭曲或委屈自己。

那麼，像他這樣的人，對整個生活來說，是有用還是無用呢？當時也許很多人認為他無用。與其說莊子希望人在亂世裡，消極地避開世界的災難，不如說他是要人在亂世裡活得更自在。

我們常說，學儒家容易獲得自信，因為真誠，不計較利害關係；學道家則會發現原來道是無所不在的，生命於是更容易活得自在。

道家學說的發展，在歷史上不同時期有著不同的影響。西漢初年，漢文帝、漢景帝以道家思想治國，使人民從秦朝苛政中得以休養生息，史稱「文景之治」。後來，漢武帝因採納「罷黜百家，獨尊儒術」的政策，致使道家從此成為非主流思想。雖然道家並未被官方採納，但仍在中國古代思想發展中扮演重要角色。

但是，古人對老莊思想的理解也曾出現過巨大的偏差。被稱為「新道家」時代的魏晉時期，對老莊思想的誤解相當多。當時所謂的「三玄」，指的是《老子》、《莊子》、《易經》，讀書人都要念，而且平常聊天都要談這些問題。他們把老莊思想講得玄之又玄，與現實世界脫節了。其原因在於在那個時代，有名的念書人很少能保全性命的，最後，很多人就透過老莊思想來獲得精神上的解脫。

事實上，這種精神上的解脫並不是莊子真正的目的所在，莊子對於人間有一種深刻的理解和同情，他所提出來的境界不是要讓人逃避，而是要讓人轉化提升。

老莊怎麼說？

老莊提出的「有用和無用」思想的精髓，並不是讓我們去逃避現實，而是要學會有效的轉換和提升，從而達到「活得自在」的境界。然而，在現實生活中，面對繁雜的世界，人們怎樣才能活得自在呢？

不為所動才有真自在

「外化而內不化」，這是莊子最精采的觀念。人活在世上，很容易受到外在的影響，所以莊子談到修練的時候說：「天下人都稱讚我，不會讓我更振奮；天下人都批評我，不會讓我更沮喪。」

通常不要說天下人了，只要被一班五十個同學稱讚，大家就很得意了。記得我在美國念書的時候，有位教授講課非常精采，下課時同學們一百多人忍不住為他鼓掌。但之後就麻煩了，因為他每次下課時都會站在講臺等一下，看看有沒有人鼓掌，同學們卻都很直率，今天講課不怎麼精采就不會鼓掌，他只好垂頭喪氣地離開。

這說明我們實在是太容易受外界影響了，就連知名大學的名教授照樣不能免俗，只要同學們鼓掌，他就覺得自己很成功，相反的，就覺得自己很失敗。應該學學莊子，天下人怎麼樣，那是他們的事，自己盡量不受干擾。內心有一套自己的標準，知道自己在做什麼，清楚自己的作用在什麼地方，知道該如何面對自己的生命和工作，如此才能具有真正獨立的價值。

因此，我曾把莊子的思想用四句話概括：「與自己要安，與別人要化，與自然要樂，與大道要遊。」與自己要安，不管發生任何事，都要能安心接受，就像莊子說的，知道事情發生了而我無可奈何，就安心接受它，作為自己的命運。如此一來，不會得意，也不會抱怨，生命就是如此這般。

老子說過「無為而無不為」，我沒有刻意要做什麼，結果所有的事該怎麼樣就怎麼樣，完全做到了。相反的，如果刻意做一件事，一定會掛一漏萬，或者是捉襟見肘，到時候反而困難。

莊子也是一樣，他強調不需要擔心事情的發展，只要為自己的生命找到安頓，安心接受所有發生的事，自然就會有路往前開展。

因此，我們講到有用與無用時，莊子也認為這個問題不容易，因為他說過要處在有用與無用之間，這句話的背後是對人間充分的了解。

莊子對後人的啟發非常深刻，可惜魏晉時代的新道家受到很多批判，說他們只知道講一些抽象的道理，不去關注實際的人生或社會問題。這樣的批評太過於苛刻了，因為在那個時代只能明哲保身。有時我們做選擇，很難說什麼是唯一的標準，因為要配合時代和需求做適當的調整，這就牽涉到處世的智慧了。

苦與樂

6 號相對論

老子認為一切事物都有正反兩面，而且能夠互相轉化。正所謂有一利必有一害，有痛苦就會有歡樂，苦與樂也是相依相存的。

然而在現實生活中，每個人都想避苦求樂，但面對種種壓力與誘惑，卻很難做到平凡而快樂。

到底老莊對於人生的苦樂有著怎樣的理解？苦與樂的根源究竟是什麼？

借助老莊的思想，我們如何才能超越苦樂呢？

每個人都有苦與樂的經驗，大家也都希望能夠求樂而避苦，但人生如果沒有痛苦，快樂也很難想像，因為痛苦快樂是相依相存的。

老子說過：「禍兮福之所倚，福兮禍之所伏。」意思是：災難旁邊就靠著幸福，幸福底下就藏著災難。就像一個人從小都很順利、很幸福，當他碰到考驗的時候，沒有抗壓性，稍有挫折，恐怕就撐不下去，甚至不想再繼續努力。相反的，一個人從小經歷許多苦難與考驗，將來只要稍微順利一點，就會覺得自己很幸福。

苦樂是相對的感覺，有關苦樂的問題，我們可以參考古代一則寓言故事：塞翁失馬，焉知非福。

在一個高原地區，有個老人，家裡有匹馬。有一天，馬失蹤了，這是很大的損失，鄰居跑來安慰他：「可惜啊！你們家的馬不見了。」老人說：「你怎麼知道這不是件好事呢？」

鄰居覺得莫名其妙，滿腹狐疑地回去了。過了幾天，這匹馬不但回家了，還帶來一群野馬，一夜之間，老人發財了。鄰居又跑來道賀：「恭喜你，你的馬真有本事，帶一群野馬回來，現在發財了。」老人卻說：「你怎麼知道這不是壞事呢？」

隔一段時間，老人的兒子騎野馬的時候摔下來，斷了一條腿。這時鄰居又來安慰老人：「令郎騎馬不慎摔跤，腿摔瘸了真是遺憾啊！」老人怎麼說呢？「我兒子斷了一條腿，但怎麼知道不是好事呢？」這種想法真是異於常人。

隔了一段時間，果然是好事，因為發生戰爭，所有身體健康的年輕人都得去當兵，打仗時刀劍無情，士兵往往缺手缺腳，甚至沒命。這時鄰居才發現，老人的兒子腿瘸了，不用當兵，反而因此保全了性命。

誰是那個鄰居呢？我們就是那個鄰居，看人只看表面，別人發財了恭喜他、倒楣了安慰他，卻沒想到好事和壞事常連在一起。我們只看表面，只知道羨慕別人或同情別人，情緒常受干擾。

誰又是這個老人？為何他的思考方式如此特別，眼光又這麼厲害，好像每次說的都正好應驗？

這個老人就是老子，他從長遠來看問題，這就是道家的特色，不是只看現在。只看現在，很難判斷今天發生的事是好還是壞，從一般人的標準來看，這時候的好，誰知道將來如何呢？倒過來也一樣。老人眼界開闊，看得非常長遠，禍與福相生相倚，這樣理解苦樂，心情自然不同。

老莊怎麼說？

「塞翁失馬」的故事，充分展現了老莊陰陽太極的辯證思想，它告訴我們：人生無常，只有用長遠的眼光看待眼前的得失，才能預見事物的未來和方向，平和地看待人生的苦樂。在現實生活中，為什麼人們經常感歎人生有太多的悲苦？老莊思想對於造成苦樂的原因，又有著怎樣獨到的見解呢？

容易滿足，就沒有苦樂的問題

人活在世界上，從某一方面來看，確實苦多樂少，但這要歸咎於人類自己的問題。

老子說過：「五色令人目盲；五音令人耳聾；五味令人口爽；馳騁畋獵，令人心發狂。難得之貨，令人行妨。是以聖人為腹不為目，故去彼取此。」五種顏色讓人眼睛都快瞎了，五種聲音讓人耳朵都快聾了，五種口味讓人嘴巴都失去知覺了，馳騁畋獵這種活動讓人心發狂，難得、珍貴的東西出現時，人的行為就偏差了，想偷、想騙、想搶。

然而，聖人設法讓眼睛不要看太多花樣，但是肚子要吃飽。聖人知道人的「知」可能造成區分，區分之後就會產生欲望，接著就一發不可收拾，所以聖人有所取捨。

老子說嬰兒是修行之後的結果。你不可能讓人的生命保持在原始的嬰兒狀態，因此，「復歸於嬰兒」並非指返老還童，而是年紀很老了，心思還是和小孩子一樣單純，很容易滿足、很容易快樂。

英國文學家王爾德說過一句很有趣的話：「人生只有兩種悲劇，第一種悲劇就是得不到我所要的。」這句話一般人都可以了解，心想事不成，追求的結果沒有得到，想考上好學校，結果失敗了；想出國也沒成功、談戀愛也沒結果，得不到自己所要的，這真是悲劇啊！

王爾德接著又說：「第二種悲劇，是得到我所要的。」

這就令人費解了，得不到是悲劇，怎麼得到了也算悲劇呢？原來得到之後才發現，自己把目標想得太美了，得到之後才發現與原來想的不一樣，但是時間一去不再回頭。

人生的困難、挑戰、關鍵都在這裡，人是向死而生的，時間一去不復返，面對死亡，該怎麼過這一生，生命才有它的價值？

因此，人生的苦樂問題，無論在任何地方，或是從各方面來看，都是一個嚴肅的問題。

宗教有很多例子說明苦多樂少，佛教說「眾生皆苦」，四大聖諦第一個就是「苦」，第二個是「集」，第三個是「滅」，第四個是「道」。人生的苦是一個現象，先把苦的原因找出來，然後設法化解，最後才能找到道。

又例如基督徒說的：「人活在世界上，就是要背負十字架，替自己做贖罪的工作。」這些都是宗教所見的真理。而從哲學上來看，苦樂的問題一樣不能脫離人生經驗。

莊子對苦樂造成的原因做了深入的分析。首先，人的情緒很容易受到影響，經常受外界的干擾而產生波動，「人們睡覺時心思紛擾，醒來後形體不安，與外界事物糾纏不清，每天勾心鬥角。」從這幾句話就知道人生很累。

莊子喜歡強調一種修行的境界：真人。他提到真人的時候，最讓人嚮往的是八個字：「其寢不夢，其覺無憂。」真人睡覺時不做夢，醒來後沒煩惱。我們正好相反，一睡覺就做夢，一醒來就煩惱，每天想這個、想那個，真累！

《莊子》中提到的人的情緒，是我們所見古代分析最透澈的。

人的情緒一般有四種：喜、怒、哀、樂。儒家四書之一《中庸》特別提到：「喜怒哀樂之未發，謂之中；發而皆中節，謂之和。」一個人的喜怒哀樂還沒有表現出來的時候，叫作「中」，代表存在於內心裡的一種穩定、平衡的狀態。一旦喜怒哀樂表現出來，就要重視節制，「節」代表恰到好處，要能夠合乎節度。

「喜」與「樂」我們都喜歡，「怒」和「哀」也要適當地發出來，要恰到好處。

儒家所說這四種情感，再加上「愛、惡、欲」三種，就是我們常說的「七情六欲」。

不同的是，莊子講到人的情緒時，一講就是十二種：喜、怒、哀、樂、慮、歎、變、慹、姚、佚、啟、態。[1]

我們有時欣喜、有時憤怒、有時悲哀、有時快樂，有時憂慮、有時感歎、有時反復、有時恐懼、有時放肆、有時張狂、有時輕浮、有時忸怩作態。

從古至今，很少人能把人的情緒和表現做出如此全面的分析，而莊子的觀察特別完整且深入，他從情緒的變化說明人的生命有時候身不由己，容易受外界干擾，很難得到快樂。然而，講到快樂，怎麼能離開人的內心呢？所以，人的內心是一個更大的問題。

1 喜怒哀樂，慮歎變慹，姚佚啓態；樂出虛，蒸成菌。日夜相代乎前，而莫知其所萌。已乎，已乎，旦暮得此，其所由以生乎！（《莊子・齊物論》）

老莊怎麼說？

老莊認為，苦多樂少是人生的必然，而苦與樂之所以存在，是因為人的欲望，內心容易受到外界的干擾，因此也很難達到「其寢不夢，其覺無憂」的理想境界。那麼，我們如何才能了解自己的內心？不同於西方的心理學，中國的莊子又如何認識人生苦樂的根源呢？

苦樂全在一念之間

以佛洛依德為代表的西方現代心理學，認為人有潛意識，當白天清醒的時候，潛意識不會出現，而是深藏在底下，就好像冰山在海面底下的部分；當你睡覺的時候，防備鬆懈、意識模糊，它就跑出來了。

西方學者研究人的夢，使他們對人的內心了解得愈來愈多，而方法很簡單，就是從事心理治療。西方人很喜歡談心理醫師給他什麼建議，很多人一見面就互相交換心理醫師的祕方，因為自認為醫生的建議很有效，說不定別人也能參考。

假設你與心理醫師約定時間見面，第一次很準時，醫生說你屬於強迫性人格；第二次提早半小時到，他又說你太焦慮、太緊張了，屬於焦慮性人格；第三次去遲到了半小時，他說你本來想不來，最後還是來了，屬於抗拒性人格。所以在美國和心理醫師約時間，不管準時、早到，還是晚到，你的心理都有問題。換言之，在心理醫生眼中，沒有人是健康正常的。

這說明如果要靠別人幫忙，實在太難了，最好的方法是設法自己幫助自己，因為天助自助者。

要幫助自己，首先就要了解人心。現代心理學能協助我們，而莊子也能提供許多建議。人心難測，莊子對人心有很生動的描述：渴望一樣東西時，熱如焦火；鄙棄它時，冷若寒冰。安靜的時候，像深淵一樣平靜無波；一旦發動，遠揚於高天，頃刻之間可以往來於四海之外。莊子用生動的文字，描寫我們內心的每一剎那，心隨念轉，會發生什麼事，簡直難以想像。

《莊子・盜跖》因為批判性太強，很多學者，包括蘇東坡在內，都認為不是莊子寫的，而是後代的讀書人所加。但其中針對苦樂問題有一段話非常值得參考。

孔子有個朋友柳下惠，他的弟弟是大強盜，叫作盜跖。古代取名字時，習慣將一個人在社會上的特色加在他的名字上，這個人本來叫作「跖」，因為是強盜，所以加一個「盜」字，成為盜跖。

孔子勸柳下惠：「做哥哥的應該教導弟弟，做父親的要教導兒子。你是一個有名的賢者與讀書人，怎麼弟弟卻當強盜呢？你應該勸勸他。」柳下惠對弟弟很了解，他說：「我無能為力，我弟弟心如湧泉、意如飄風。」

心如湧泉指的是和別人來往時，一計不成又生一計，與湧出的泉水一樣，擋都擋不住。意如飄風是說他的意念像飄風一樣，忽然這樣、忽然那樣，無法猜測，所以柳下惠對他毫無辦法。

孔子於是自告奮勇，用柳下惠的名義去見盜跖。

孔子帶著幾個學生坐著馬車到了山下，請人通報說魯國的孔丘想來拜見將軍。為了見面，當然在稱謂上要很客氣，稱盜跖為「將軍」。兩人見面後就展開辯論：到底什麼是善？什麼是惡？善有沒有善報？惡有沒有惡報？

討論這種問題當然不會有結果，盜跖好像很有學問，孔子也辯不過他。盜跖說了一段很生動的話：「要談人間的事，我的想法很簡單。一個人活在世界上，眼睛希望看美麗的東西，耳朵希望聽悅耳的聲音，嘴巴喜歡吃香甜的食物，總想願望能夠實現，不過如此。但人活在世界上『上壽一百，中壽八十，下壽六十』，除了各種疾病憂患之外，一個月中能夠開口而笑的，不過四、五天而已，其他時間都悶悶不樂，為了各種事情、各種問題煩惱。」[2]

2 「今吾告子以人之情，目欲視色，耳欲聽聲，口欲察味，志氣欲盈。人上壽百歲，中壽八十，下壽六十，除病瘦死喪憂患，其中開口而笑者，一月之中不過四五日而已矣。天與地無窮，人死者有時，操有時之具，而託於無窮之間，忽然無異騏驥之馳過隙也。不能說其志意、養其壽命者，皆非通道者也。丘之所言，皆吾之所棄也，亟去走歸，無復言之！子之道，狂狂汲汲，詐巧虛偽事也，非可以全真也，奚足論哉！」（《莊子・盜跖》）

這段話如此生動，孔子也無法反駁，最後孔子無功而返。他坐上馬車，學生把轠繩遞給他，掉落三次都沒察覺，他顯然被盜跖驚嚇到了。

孔子回到魯國之後，柳下惠看到孔子失魂落魄的樣子，詢問他是否見過盜跖？孔子說：「我進了虎穴，撚了虎鬚，差點被老虎吃掉。」

《莊子・盜跖》這段描述提到有關人生的苦樂，值得我們注意。換句話說，不管是正派、反派，都知道人生苦多樂少。但是人生的苦，最主要來自於情緒容易受外界的干擾，而心思又複雜變化不定。

因此，我們對於人間許多價值應該重新衡量，要認清苦樂全在一念之間，只有知苦樂，才能心境坦然。

老莊怎麼說？

莊子假託盜跖的話告訴我們，避苦求樂是人性的自然願望。然而人生苦樂全在一念之間，只有知苦樂才能心境坦然。那麼，我們該如何對待一念之間產生的苦樂呢？莊子又透過怎樣的故事來闡釋它？

哪裡來、哪裡去

《莊子》中有一段提到堯：堯是古代著名的五帝之一，有一次，他到各地視察，到了華，華地的邊疆官說：「聖人來了，我來祝福你。第一，祝福你長壽。」堯說不必了；「第二，祝福你有錢。」堯說不必了；「第三，祝福你多生兒子。」堯說也不必了。邊疆官很好奇，壽、富、多男子，別人求之不得，為什麼你都不要呢？堯於是回答：「多生兒子多煩惱，不知將來他們在社會上如何發展；有錢的麻煩是別人會來索取；長壽的結果是年老會受屈辱。世俗所希望的壽、富、多男子，會有各種後遺症。」

邊疆官聽了十分生氣，他說：「我本來以為你是聖人，原來你只是一個君子。如果你多生兒子，就讓他們做該做的事。上天生下每一個人，都會安排他的位置，多生男子就讓他們各自因才而任職吧。第二，有錢就分給大家用，這很簡單啊！第三，長壽有什麼不好呢？如果在太平盛世，長壽能與萬物共同發展；如果天下大亂，一個人隱居起來，在閒居中修養天賦，等到活了一千歲，就離開人間登上仙境，乘著白雲飄到仙鄉。你來來去去都很自在，一無所求，怎麼會受屈辱呢？」[3]

莊子提到壽、富、多子，從另一方面來看，總會帶來各種煩惱。但是天生天養，上天生下這一切，讓你有這樣的成就，你設法順應這個趨勢，所有一切來自於道，最後回歸於道。至於是誰在用？只是借用，暫時在用而已。

只要有這種想法，各種苦樂的問題不就一一得到化解了嗎？所以莊子才說苦樂全在一念之間。

老莊怎麼說？

「一念之間」本是佛學用語，直指人心。佛學中說，天下無苦樂之事，只有煩惱與心平氣和之人。在煩惱人面前，快樂也是苦；對平常心的人，無苦也無樂。所以苦與樂，只在人的一轉念中。那麼，莊子是如何面對人生的苦樂？我們又如何才能達到化苦為樂的超然境界呢？

3

堯觀乎華。華封人曰：「嘻，聖人！請祝聖人，使聖人壽。」堯曰：「辭。」「使聖人富。」堯曰：「辭。」「使聖人多男子。」堯曰：「辭。」封人曰：「壽、富、多男子，人之所欲也。女獨不欲，何邪？」堯曰：「多男子則多懼，富則多事，壽則多辱。是三者，非所以養德也，故辭。」封人曰：「始也我以女為聖人邪，今然君子也。天生萬民，必授之職。多男子而授之職，則何懼之有！富而使人分之，則何事之有！夫聖人鶉居而鷇食，鳥行而無彰；天下有道，則與物皆昌；天下無道，則修德就閒。千歲厭世，去而上僊，乘彼白雲，至於帝鄉；三患莫至，身常無殃，則何辱之有！」封人去之，堯隨之，曰：「請問。」封人曰：「退已！」（《莊子・天地》）

殘疾是最快樂的

《莊子》中出現好幾個悲慘的人，譬如有個人叫支離疏，一聽名字就知道這個人有嚴重的殘缺，好像身體支離破碎一樣。依照莊子的描述，會使人覺得不忍心：支離疏嚴重駝背，他的頭在兩股之間，整個背是彎曲的，五臟都集中在背上，簡直不成人形。他替人縫衣、洗衣，養活自己；替人撥米、篩糠，可以養活十個人。

官府徵兵的時候，支離疏大搖大擺地四處閒逛，因為他有嚴重的殘疾，不可能當兵。古代官府徵人服勞役，要人去築長城或開溝渠，他也不用去工作。但是，官府發放救濟品的時候，他排第一，能領到幾捆柴、幾袋米。[4]

莊子想表達的是，像這樣的一個人，身體嚴重殘缺，照樣可以活下去。也許你會說這真是好慘、好痛苦，但是他並不覺得苦啊！

《莊子》中還有一段，子輿說：「現在我身體已經扭曲到這個狀況，上天如果讓我的左臂變成一隻雞，我就用它來報曉；我的右臂變成一個彈珠，我就用它來打鳥烤著吃。我的身體不管再怎麼變化，我的意識都會隨遇而安。」[5] 旁人以為他很苦，他根本毫不在乎，說這叫「造化弄人」。

《莊子》中有「造物者」一詞[6]，很多人以為是指西方的哲學或宗教裡的上帝，其實不然，「造物者」三個字是莊子用的，並且用了四、五次之多。莊子在《天下篇》談到自己希望的境界：「上與造物者遊，下與外死生、無終始者為友。」前半句的意

---

4 支離疏者，頤隱於齊，肩高於頂，會撮指天，五管在上，兩髀為脅。挫鍼治繲，足以餬口；鼓筴播精，足以食十人。上徵武士，則支離攘臂於其間；上有大役，則支離以有常疾不受功；上與病者粟，則受三鍾與十束薪。夫支離其形者，猶足以養其身，終其天年，又況支離其德者乎！（《莊子・人間世》）

5 子祀、子輿、子犁、子來四人相與語，曰：「孰能以無為首，以生為脊，以死為尻；孰知死生存亡之一體者，吾與之友矣！」四人相視而笑，莫逆於心，遂相與為友。俄而子輿有病……，曰：「亡，予何惡！浸假而化予之左臂以為雞，予因以求時夜；浸假而化予之右臂以為彈，予因以求鴞炙；浸假而化予之尻以為輪，以神為馬，予因以乘之，豈更駕哉！且夫得者，時也；失者，順也。安時而處順，哀樂不能入也，此古之所謂縣解也，而不能自解者，物有結之。且夫物不勝天久矣，吾又何惡焉！」（《莊子・大宗師》）

6 「獨與天地精神往來，而不敖倪於萬物。不譴是非，以與世俗處。」「上與造物者遊，而下與外死生無終始者為友。其於本也，弘大而辟，深閎而肆；其於宗也，可謂調適而上遂矣。雖然，其應於化而解於物也，其理不竭，其來不蛻，芒乎昧乎，未之盡者。」（《莊子・天下》）

思是：我往上要與造物者一起遊玩。

造物者就是「道」，因為道生出萬物，道就是造物者。造物者中的「者」，具有人格的含意，意指造物者是造物的那個人，有人的含意，如此才能與他做朋友，這是莊子的想法。所以在《莊子》中，那些表面看起來很苦、身體嚴重殘缺或甚至只剩一條腿的人，都可以活得自在而絲毫不以為苦。

一般講人生的幸福快樂，就是指富貴，像有錢、顯貴、成名，有各種優勢。但擁有這些條件也不一定快樂，有錢人的煩惱比沒錢的人還多，沒錢的人只有一個煩惱，就是希望賺錢。但賺到錢之後，就有無數煩惱，包括要怎麼用錢。

有地位有權力的人，煩惱更多，要考慮整個國家、整個社會的規劃，任何地方有困難，他都要立即想辦法，日夜不得休息。有名的人，恐怕要為名聲而犧牲自己，《莊子》中有很多例子，有些人為了保持好的名聲，行俠仗義，結果反而犧牲了自己的生命或健康。

因此莊子筆下一些很苦的、嚴重的殘疾者，反而可以過得很自在；反之，看起來值得羨慕的人，其實有說不出來的煩惱。既然如此，我們又何必太過於執著呢？

老莊怎麼說？

老子曾說：知足常樂。知足是一種智慧，而常樂並不等於放棄理想的追求，而是要在無窮的欲望和有限的資源之間取得平衡，這也是人與自然的和諧相處之道。那麼，怎樣才能擁有樂多苦少的人生？莊子的故事又為我們帶來哪些啟示呢？

超越苦樂的自在瀟灑

莊子曾藉由一段孫叔敖的故事，建議我們要設法超越苦樂：孫叔敖是楚國的宰相，三次上臺、三次下臺，但他上臺的時候沒有微笑，下臺的時候也沒有不悅的神色。別人問他怎麼回事，孫叔敖說：「如果宰相這個職位值得肯定，那宰相是宰相，但不是我；如果是我能讓自己高興，那不需要當宰相，我也能讓自己高興。我的苦樂不受外面的影響。」[7]

這就是孫叔敖，他的瀟灑自在讓人羨慕。但在《莊子》中只能排第二名，第一名是一個廚房工人，就是〈庖丁解牛〉中的庖丁。

庖丁是個廚房工人，專門負責殺牛，有一次他為文惠君解牛，文惠君看到庖丁殺牛的過程就像歌舞表演似的。雖然牛的身軀很大，庖丁個子比較小，但他的手所頂住的、膝蓋所觸到的地方，都讓牛的骨節發出各種聲音，就像音樂演奏一樣。

庖丁宰牛的時候，身體揮動著刀，把解牛的過程表演得像跳舞一樣，完全符合古代的音律。文惠君很興奮，想不到有這樣的技術，美妙至極。[8] 庖丁說：「我所愛好的不是技術，而是進一步達到道了。我開始解牛的時候，眼睛看到一整隻牛，不知道該怎麼辦；三年之後，已經看不到全牛了，因為我不再用眼睛看，而是用心神去看。」

有的廚師一個月要換一把刀，因為他們是用刀砍骨頭；好一點的廚師一年換一把刀，因為是用刀割肉；庖丁的刀用了十九年，卻像剛剛磨出來的刀一樣，沒有任何缺損，因為他解牛時「依乎天理，因其固然」。

天理就是自然的條理，只要是牛，一定有牛的身體結構，這叫作「天理」。「因其固然」，「固然」是本來的樣子，只要是牛，自然的結構都一樣，但每頭牛也有牠不一樣的地方，一方面要把握牛的普遍性，閉著眼睛也能把一頭牛的結構完全掌握，但是每一頭牛又不一樣，所以要按照牠本來的樣子設法去解牠。

牛的骨節之間有很大的空隙，而庖丁的刀簡直薄得沒有厚度，以這樣的刀進入牛的身體，遊刃有餘。但是庖丁每一次殺牛的時候都非常謹慎，因為要看清楚筋骨複雜

7 孫叔敖曰：「吾何以過人哉！吾以其來不可卻也，其去不可止也；吾以為得失之非我也，而無憂色而已矣。我何以過人哉！且不知其在彼乎？其在我乎？其在彼邪，亡乎我；在我邪，亡乎彼。方將躊躇，方將四顧，何暇至乎人貴人賤哉！」（《莊子・田子方》）

8 庖丁為文惠君解牛，手之所觸，肩之所倚，足之所履，膝之所踦，砉然嚮然，奏刀騞然，莫不中音，合於《桑林》之舞，乃中《經首》之會。文惠君曰：「譆，善哉！技蓋至此乎？」（《莊子・養生主》）

交錯的地方，動刀甚微。庖丁的刀一動，牛的肢體就分裂開來，像泥土一樣散落地上，連牛都還不知道自己被解了。庖丁完全掌握到牛的身體結構，因此關鍵之處一解開，整頭牛就按照次序全部解完了，這簡直是神技。

文惠君聽完之後非常羨慕，此刻，莊子筆下的庖丁「提刀而立，為之四顧，為之躊躇滿志，善刀而藏之。」[9]《莊子》中講一個人最得意的就這麼幾句話。我們可以想像一下，廚師把牛解完之後，提刀而立，「為之四顧」，前後左右看一看，實在是太得意了，事情做得太完美了。

「為之躊躇滿志」，一般只有國家的最高領袖可以躊躇滿志，而莊子講一個廚房的工人把自己的工作做得完美就能躊躇滿志，然後把刀擦乾淨，收藏起來。莊子後來描寫孫叔敖也用了類似的說法：「方將躊躇，方將四顧。」

如果了解莊子的思想，就知道苦樂其實在一念之間，不管做任何事，只要把它做到完美程度，便都能得到快樂。若要化解人生的痛苦，則要訓練自己的情緒，了解人的心思如何變化，不要干擾它，也不要放縱它。如此一來，人生自然會由苦多樂少，改善到樂多而苦少，也才能達到道家所描述的與自然為樂的境界。

9

庖丁釋刀對曰：「臣之所好者道也，進乎技矣。始臣之解牛之時，所見無非牛者；三年之後，未嘗見全牛也；方今之時，臣以神遇而不以目視，官知止而神欲行。依乎天理，批大郤，導大窾，因其固然。技經肯綮之未嘗，而況大軱乎！良庖歲更刀，割也；族庖月更刀，折也。今臣之刀十九年矣，所解數千牛矣，而刀刃若新發於硎。彼節者有間而刀刃者無厚，以無厚入有間，恢恢乎其於游刃必有餘地矣。是以十九年而刀刃若新發於硎。雖然，每至於族，吾見其難為，怵然為戒，視為止，行為遲，動刀甚微，謋然已解，如土委地。提刀而立，為之四顧，為之躊躇滿志，善刀而藏之。」文惠君曰：「善哉！吾聞庖丁之言，得養生焉。」（《莊子．養生主》）

7 號相對論

貧與富

代表儒家思想的著作《論語》中有句話：死生有命，富貴在天。大千世界，人在出生後，往往因為家庭背景與自身的能力、時運，而擁有不同數量的財富，造成貧富的差異。

在現實生活中，人們往往懼怕貧窮，一生都在追求財富。

那麼，代表中國道家學說的老莊思想，究竟如何看待貧窮與富有？

它與儒家思想又有何異同呢？

說到貧窮與富裕，如果能選擇，人們大多認為富裕比較好。但人的生命中不是只有一次選擇，對於許多目標，在不同階段，可能會有不同的想法。那麼，有關貧與富這麼重要而複雜有趣的問題，我們從道家的觀點能夠得到什麼啟發？

張三是個富翁，家裡有個倉庫，擺滿了一箱箱的金銀珠寶，他每天最大的樂趣就是看看這些珠寶。他有一個窮朋友知道之後，就對他說：「你家有這麼一座倉庫，能不能也讓我去看看，開開眼界？」張三說：「只許看，不能拿。」

於是，這個窮朋友來到張三家，把一箱一箱金銀珠寶整個看了一遍。看完後，他對張三說：「我現在和你一樣有錢了！」張三說：「你什麼也沒拿，倉庫是我的，怎麼和我一樣有錢呢？」窮朋友說：「你這些金銀珠寶是用來看的，我到裡面看了一遍，不是和你一樣有錢了嗎？」

《莊子》中有一篇很短的寓言：堯想把天下讓給他的老師許由，許由不要，他說：「小鳥在森林裡築巢，只需要一根樹枝；一隻土撥鼠在河邊喝水，只需要把肚子喝飽。

你把整片森林給一隻鳥，牠用不到；整條河給一隻土撥鼠，牠喝不完。」[1]

時間一去不再回來，要想清楚自己到底要用這麼珍貴的人生去追求什麼。有些人就是要追求發財，這可以理解，我們也尊重每一個人的選擇。

《莊子．讓王》還有一個簡單的比喻，稱作「隨侯之珠」。隨侯所擁有的寶珠非常貴重，有人要和他比賽打麻雀，他一時找不到彈珠，就用這顆寶珠當作彈珠去打麻雀。打到了麻雀，卻損失了一顆寶珠。[2]

生命多麼寶貴，如果用生命去追求金錢，與隨侯的作法不是一樣嗎？人生還有許多可貴的東西值得我們珍惜。

老莊怎麼說？

道家的哲學認為，人貴在知足而常樂，物質財富為的是滿足人們的基本需求，而追求人生的價值，才能擁有真正的快樂。但在現實生活中，為了追逐名利，人們總是互相爭鬥。那麼，老子又有著怎樣的貧富思想？莊子又透過怎樣的故事，來闡述對於貧富的認識呢？

1 許由曰：「子治天下，天下既已治也，而我猶代子，吾將為名乎？名者，實之賓也，吾將為賓乎？鷦鷯巢於深林，不過一枝；偃鼠飲河，不過滿腹。歸休乎君，予無所用天下為！庖人雖不治庖，尸祝不越樽俎而代之矣。」（《莊子・逍遙遊》）

2 今且有人於此，以隨侯之珠彈千仞之雀，世必笑之。是何也？則其所用者重而所要者輕也。夫生者，豈特隨侯之重哉！（《莊子・讓王》）

借錢借得理直氣壯

老子有三寶，其中之一是「儉」，也就是節儉。有錢沒錢都可以節儉，也就是說，注意力不要用在賺錢與花錢上，而要放在其他方面的發展和目標。

老子對於貧與富沒有特別說明，他只是點出事實：能夠節儉，所擁有的一切才能用得廣。世界上的資源是固定的，如果有人多、有人少，就是貧富不均。一旦貧富不均，世界將難以維持和平。

但是在道家看來，貧窮是一個人比較容易出現的情況，尤其是在亂世中。莊子的貧窮就很有名，《莊子》中提到，他一方面有學問，但不肯做官，只好過平凡而貧窮的生活。出門都要帶著彈弓順便打鳥，也經常去釣魚，讓家人有加菜的機會。

有一次，莊子去找一個老朋友借米，這人管一條河，叫作監河侯。莊子穿著一身破爛的衣服，好不容易到了老朋友家，監河侯說：「好，我下個月如果收到稅金，就借你三百金。」

莊子聽了立刻變了臉色，回答他說：「昨天我來找你的時候，在路上聽到有人叫我，我回頭一看，原來是地上被車輪壓凹的地方，躺著一尾鯽魚。我就問他：『鯽魚，你叫我嗎？』鯽魚說：『我是東海來的魚，現在快要渴死了，能不能給我一升一斗的水讓我活命！』我就對鯽魚說：『我去找吳國、越國的國君，請他們開鑿運河，把西江之水引來這邊來救你。』鯽魚聽了立刻變了臉色說：『這樣還不如早一點到魚乾店找我算了，等水來了，我都變魚乾了！』」[3]

莊子雖然窮困，書中還是有一段故事讓所有人羨慕，也就是「莊周夢蝶」。莊子很窮，他一個人在山上走累了，躺下來睡覺，夢見自己變成蝴蝶。在那一剎那，栩栩然蝴蝶也，飛來飛去，自由自在，覺得真開心，根本忘記還有莊周的存在了。

---

3 莊周家貧，故往貸粟於監河侯。監河侯曰：「諾，我將得邑金，將貸子三百金，可乎？」莊周忿然作色曰：「周昨來，有中道而呼者。周顧視，車轍中，有鮒魚焉。周問之曰：『鮒魚來！子何為者邪？』對曰：『我東海之波臣也。君豈有斗升之水而活我哉？』周曰：『諾，我且南遊吳、越之王，激西江之水而迎子，可乎？』鮒魚忿然作色曰：『吾失我常與，我無所處。吾得斗升之水然活耳，君乃言此，曾不如早索我於枯魚之肆！』」（《莊子・外物》）

但是好夢易醒，他醒來之後發現自己還是一個僵臥不動的莊子。於是他問了一個問題：剛才是蝴蝶夢到我呢？還是我夢到蝴蝶呢？我與蝴蝶畢竟是不同的，萬物與我們都在道裡面，都可以化為一個整體。4

然而，另一方面，作為人，有其特殊的生命及價值，人的一生重在修練，要精進自己的德行與智慧，從而讓思想達到高明的境界。

老莊怎麼說？

對於吝惜財富的人，莊子用寓言加以譏諷，對於物質財富，莊子有著獨特的見解。老莊的思想認為，人的一生重在修練，精進自己的德行與智慧，從而讓思想達到一個很高的境界。只有這樣，才能領悟到人生真正的快樂。那麼，莊子如何看待貧窮？在老莊的思想中，究竟崇尚怎樣的生活境界呢？

貧窮不是病，有理想不能實現才是病

莊子對於貧窮有他特別的看法，一般人都以為莊子批判儒家，其實在《莊子》中會發現，對於儒家有好幾個窮困的學生，莊子都特別表揚，因為他們的遭遇和莊子差不多。

莊子一共表揚了三個人，一個叫原憲。原憲在《論語》裡出現過，第十四篇〈憲問篇〉的「憲」就是原憲。

原憲很窮困，但是他能堅持自己的窮困。他住的地方簡直慘不忍睹，房子是用茅草蓋的，外面下大雨，屋裡地上是濕的。家裡什麼都沒有，一貧如洗，門是簡單用稻草做成的，不需要門栓，因為沒有東西可以偷。

4 昔者莊周夢為胡蝶，栩栩然胡蝶也。自喻適志與！不知周也。俄然覺，則蘧蘧然周也。不知周之夢為胡蝶與？胡蝶之夢為周與？周與胡蝶則必有分矣。此之謂物化。（《莊子‧齊物論》）

有天，他的老同學子貢來了，子貢在孔子學生裡生意做得最好，發財了。子貢來看老朋友原憲時，坐著大馬車，穿著名牌的衣服。但原憲家的巷子太小了，馬車進不去，子貢只好下車走進去。

子貢心想，老同學怎麼落魄到這個地步？他一見到原憲就問：「老兄你是不是有病？」原憲說：「我是貧窮，不是有病，讀書人有理想而不能實現才有病。」他的回答是要子貢自己反省現在所做的事是否合乎老師以前的要求。子貢聽了以後面有愧色，不知道該往前走還是往後走，逡巡不定。[5]

這是莊子筆下所描寫的原憲，他雖然窮困，但是精神生活非常富裕。

第二個學生是曾參。曾參也住在一個非常窮困的環境裡，三天沒有生火燒飯，十年沒有添置衣服。帽子扶正，帽帶就斷掉；衣服穿正，手肘就露出來；鞋子綁起來，腳跟就著地，簡直不忍卒睹。

但是曾參在房間裡誦讀經典時，有如金石之聲，天子不能與他為臣，諸侯不能與他為友。他內心只有道，因而可以得到快樂，所以窮困對他來說完全沒有影響。

第三位孔子的學生受到莊子的肯定的，當然就是顏淵了。[6] 關於顏淵的窮困與他的快樂，就不必再細說了。

莊子認為貧窮沒關係，時也、命也、運也，但是如果有病，就代表有理想不能實現。

有一次，莊子實在窮得受不了，就去拜見魏王，他穿著一身打著補丁的衣服，還用草繩把破鞋子拴在腳上，以免鞋掉了。魏王一看這個人這麼有學問、有名望，現在跑來找我，一副委靡的樣子。魏王就說：「先生怎麼這麼委靡呢？」莊子說：「我不

---

5 原憲居魯，環堵之室。茨以生草，蓬戶不完，桑以為樞；而甕牖二室，褐以為塞；上漏下濕，匡坐而弦。子貢乘大馬，中紺而表素，軒車不容巷，往見原憲。原憲華冠縰履，杖藜而應門。子貢曰：「嘻！先生何病？」原憲應之曰：「憲聞之，無財謂之貧，學而不能行謂之病。今憲，貧也，非病也。」子貢逡巡而有愧色。原憲笑曰：「夫希世而行，比周而友，學以為人，教以為己，仁義之慝，輿馬之飾，憲不忍為也。」（《莊子．讓王》）

6 孔子謂顏回曰：「回，來，家貧居卑，胡不仕乎？」顏回對曰：「不願仕。回有郭外之田五十畝，足以給饘粥；郭內之田十畝，足以為絲麻；鼓琴足以自娛，所學夫子之道者足以自樂也。回不願仕。」孔子愀然變容，曰：「善哉，回之意！丘聞之，『知足者，不以利自累也；審自得者，失之而不懼；行修於內者，無位而不怍。』丘誦之久矣，今於回而後見之，是丘之得也。」（《莊子．讓王》）

是委靡，我只是貧窮。」

莊子接著說：「你沒見過猴子嗎？猴子在高大的樹上翻來覆去，這邊跳、那邊躍，沒有人抓得住牠，真是開心。但是牠如果到了荊棘叢中，碰這邊就刺一下、碰那邊就扎一下。今天這個時代叫作昏上亂相，所以我就好像處在荊棘中的猴子，貧窮不能怪我，是時代的問題。」

他順便也把魏王教訓了一頓，「在你的施政之下，我們這些讀書人有學問不能用，以至於陷入窮困，誰的責任啊？」窮困在道家是一個底限，如果你什麼都沒有，照樣可以快樂；再進一步往上走，如果先規定自己要擁有多少錢才能過正常的生活，那麼對於自己這一生要怎麼過才有意義，就成了一個大的問題了。

老莊怎麼說？

道家的思想崇尚一切歸於自然，天人合一，清靜無為。老莊的思想認為，貧窮與富貴，並不是決定生活是否快樂的重要條件，所以，對於獲得財富的賺錢手段，莊子也有他獨特的見解。那麼，莊子究竟如何衡量貧富、看待賺錢呢？

平均是福，多餘是害

關於貧富之間怎麼去衡量，有時候你可以說，我安貧樂道；但是有些人會說我受不了窮困，非要富貴不可，一切就看個人的自由選擇。

《莊子》中有一則故事，魏國的公子牟告訴瞻子，「我雖然隱居了，跑到江海上過著隱居的生活，但我畢竟是一個公子，想到以前在王室的榮華富貴，令人懷念，該怎麼辦呢？」瞻子對他說：「你要珍惜性命，就會忘記利祿。」但是公子牟就是放不下，瞻子於是建議他放不下就不要勉強，如果勉強又做不到，反而是雙重傷害，一個人有雙重傷害，很少能夠活命的。[7]

倘若不能安於貧賤的生活，就不要勉強，好好找個工作賺錢去。這不是壞事，賺錢可以用正當的手段，這本來就是一個社會合理發展所提供的條件。

至於賺錢的手段是什麼，這一點莊子就很挑剔了。很多人把金錢當作唯一的目標，於是不擇手段。《莊子》中有一個很有名的故事：莊子有個鄰居叫作曹商，宋國人。有一次，他代表宋國到秦國當特使，出國時只有幾輛馬車，秦王對他很欣賞，送他一百輛馬車。曹商得意得很，對莊子說：「像你這樣餓得面黃肌瘦，住在窮街陋巷，靠織草鞋為生，是我趕不上的。一旦見到萬乘之君，就有百輛馬車跟從於後，這才是我的過人本事。」

在莊子面前自我炫耀，簡直是和自己過不去。莊子立刻說：「秦王有病的時候招請醫生，能夠使膿瘡潰散的，可以獲得一輛馬車，舔好痔瘡的，可以獲得五輛車，所治療的部位愈卑下，所獲得的車輛就愈多。你難道是治好了他的痔瘡嗎？不然怎麼得到這麼多車輛呢？你快走開吧！」8

曹商本來想向莊子炫耀，結果被莊子這麼一講，真是難堪。現在有句成語「吮癰舐痔」，指的就是一個人為了得到富貴，不惜做卑微可恥的事，用這種手段賺錢，哪裡值得別人尊敬？

另外一個人的表現就不同了，這個人叫作屠羊說。楚昭王因為吳國攻打楚國，楚

---

7 中山公子牟謂瞻子曰：「身在江海之上，心居乎魏闕之下，奈何？」瞻子曰：「重生。重生則利輕。」中山公子牟曰：「雖知之，未能自勝也。」瞻子曰：「不能自勝則從，神無惡乎！不能自勝而強不從者，此之謂重傷。重傷之人，無壽類矣。」魏牟，萬乘之公子也，其隱巖穴也，難為於布衣之士；雖未至乎道，可謂有其意矣。（《莊子・讓王》）

8 宋人有曹商者，為宋王使秦。其往也，得車數乘；王說之，益車百乘。反於宋，見莊子曰：「夫處窮閭阨巷，困窘織屨，槁項黃馘者，商之所短也；一悟萬乘之主而從車百乘者，商之所長也。」莊子曰：「秦王有病召醫，破癰潰痤者得車一乘，舐痔者得車五乘，所治愈下，得車愈多。子豈治其痔邪，何得車之多也？子行矣！」（《莊子・列禦寇》）

國被打敗了，他就逃難去了。楚昭王棄國逃亡時，有個名叫說的屠羊人跟隨昭王出走，昭王回國復位後，要獎賞跟隨他逃亡的人，找到了屠羊說。屠羊說說：「大王喪失國土，我失去屠羊的工作；大王回國復位，我也回來繼續屠羊。我的爵位利祿已經收回來了，還有什麼可獎賞的！」昭王說：「勉強他接受。」屠羊說說：「大王失去國土，不是我的過錯，所以我不敢承受懲罰；大王回國復位，不是我的功勞，所以我不敢接受獎賞。」

昭王說：「叫他來見我。」屠羊說說：「楚國的法令規定，一定要是受重賞、立大功的人，才能見大王。現在我的智力不足以保存國家，勇敢又不足以消滅敵人。吳軍攻入郢都時，我害怕危險而逃避敵人，並不是有心追隨大王。現在大王要破壞法令約定來接見我，這不是我願意傳聞於天下的事。」

昭王對司馬子綦說：「屠羊說身分卑賤而陳述的道理很高明，你替我延攬他來擔任三公的職位。」屠羊說說：「三公的職位，我知道它比屠羊的鋪子尊貴得多；萬鍾的俸祿，我知道它比屠羊的收入豐富得多；但是我怎麼可以貪圖爵位利祿而讓國君蒙上隨便封賞的惡名呢！我不敢接受，只希望回到我屠羊的鋪子。」最後還是沒有接受。9

道家談到賺錢的手段很不尋常，世界上總是有人發財，發財有時候也是因為時也、命也、運也。一個人若是有錢，也可能陷入某種困境，但如果先注意，就不會有問題了。莊子說，天下任何事，平均就是福氣，多餘就是有害，萬物莫不如此，而錢財更是這樣。

9 楚昭王失國，屠羊說走而從於昭王。昭王反國，將賞從者，及屠羊說。屠羊說曰：「大王失國，說失屠羊；大王反國，說亦反屠羊。臣之爵祿已復矣，又何賞之有！」王曰：「強之。」屠羊說曰：「大王失國，非臣之罪，故不敢伏其誅；大王反國，非臣之功，故不敢當其賞。」王曰：「見之。」屠羊說曰：「楚國之法，必有重賞大功而後得見。今臣之知不足以存國，而勇不足以死寇。吳軍入郢，說畏難而避寇，非故隨大王也。今大王欲廢法毀約而見說，此非臣之所以聞於天下也。」王謂司馬子綦曰：「屠羊說居處卑賤而陳義甚高，子其為我延之以三旌之位。」屠羊說曰：「夫三旌之位，吾知其貴於屠羊之肆也；萬鍾之祿，吾知其富於屠羊之利也；然豈可以貪爵祿而使吾君有妄施之名乎！說不敢當，願復反吾屠羊之肆。」遂不受也。（《莊子・讓王》）

老莊怎麼說？

有句古語：人為財死，鳥為食亡。自古以來，人們對於金錢都有太多的欲望，但在莊子眼中，過多的金錢卻是生活的負累。莊子為什麼這麼認為？老莊思想中，富有的人又該如何對待自己的金錢呢？

有錢人的六大災難

莊子提到，有錢的人有六種困難：第一，耳聽鐘鼓管簫的聲音，口嘗牛羊美酒的滋味，暢快他的心意，遺忘他的正業，可以說是迷亂了。第二，沉溺於盛氣中，好像負重走上山坡，可以說是勞苦了。第三，貪財而導致生病，貪權而筋疲力竭，靜居則沉溺其中，體壯則盛氣凌人，可以說是疾病了。

第四，為了求富爭利，財貨堆積得像牆一樣高，也不知收斂，還要貪得無厭，可以說是恥辱了。第五，錢財聚積而不用，專意營求而不捨，滿心煩惱，還在貪求不止，可以說是憂慮了。第六，在家就擔心小偷打劫，出外就害怕強盜傷害，在家嚴密防守，出外不敢獨行，可以說是恐懼了。[10]

這六種情況，是天下最大的災害，大家卻都遺忘而不知詳察，等到禍患來臨時，想挖空心思、用盡錢財，只求過一天平安的日子也不可得。所以，名聲上看不到，利

10 知和曰：「平為福，有餘為害者，物莫不然，而財其甚者也。今富人，耳營鐘鼓筦籥之聲，口嗛於芻豢醪醴之味，以感其意，遺忘其業，可謂亂矣；侅溺於馮氣，若負重行而上也，可謂苦矣；貪財而取慰，貪權而取竭，靜居則溺，體澤則馮，可謂疾矣；為欲富就利，故滿若堵耳而不知避，且馮而不舍，可謂辱矣。財積而無用，服膺而不舍，滿心戚醮，求益而不止，可謂憂矣；內則疑劫請之賊，外則畏寇盜之害，內周樓疏，外不敢獨行，可謂畏矣。此六者，天下之至害也，皆遺忘而不知察，及其患至，求盡性竭財，單以反一日之無故而不可得也。故觀之名則不見，求之利則不得，繚意絕體而爭此，不亦惑乎？」（《莊子・盜跖》）

益上得不著，還要委屈身心去爭取這些，豈不是迷惑嗎？

老莊怎麼說？

老莊的思想中，最高的境界是逍遙遊，這種境界在於超脫及歸於自然；儒家的思想則較為務實。對於貧窮和富有，道家和儒家究竟有何異同？面對現實生活中的貧富，我們又該如何做到超脫，以獲得真正的快樂呢？

窮也要窮得快樂

社會上一定是有些人富有、高貴，孔子也說：「富與貴，是人之所欲也，不以其道得之，不處也。」要用正當的手段去得到，否則就不要接受。

但是孔子又說：「貧與賤，是人之所惡也，不以其道得之，不去也。」貧與賤是每個人都討厭的，如果是以非正當的方式加在自己身上，卻不會去排斥它。這就好像在職場上，本來憑本事可以往上提升的，但如今受人陷害，用不公平的手段剝奪了機會，使自己陷入貧賤，但也不要因此而排斥它。

一般而言，所有的聖賢都會提醒我們：富貴的誘惑特別多，修行更是不容易。相反的，如果貧窮，要修行可能更容易，因為外在沒有什麼機會，只有往內在去開發，反而容易將生命的境界更圓滿地呈現出來。

世界各大宗教，例如佛教創始者釋迦牟尼，他本來是迦毗羅衛國的王子，出生就有享受不盡的榮華富貴。但是他在二十九歲的時候第一次出城，看見老人、看見病人、看見死人，立刻覺悟，馬上出家到山裡修行。此時富貴對他來說，反而成了障礙。

人有生老病死，不能只看富貴，那只是其中一面而已。智慧的人一定要看全面，所以佛教僧人在一開始都是托缽僧。釋迦牟尼明明是王子，卻要當乞丐，別人給什麼就吃什麼，完全不挑剔，也沒有任何私有財產。當然，這是修行之人所嚮往的境界，因為可以藉此修練自己的精神層次。

天主教與基督教的創始者耶穌也是非常窮困的，他曾說過：有錢人進天國好像駱駝穿針孔一樣。我小時候念到這一段，覺得富人豈不是毫無希望了，這麼大的駱駝怎麼可能穿過針孔？後來發現有一種解釋很有趣，當時在耶路撒冷附近有一座小的城門，城門就叫作「針孔門」，但是針孔門很小，駱駝那麼大當然穿不過去，只有比較矮小的馬可以穿過去。

這些都是宗教家的比喻，用意在提醒人活在世上要分清楚生命有限制，貧與富只是一個過程、一個機會，考驗人身處其中是否能夠自我調節。儒家的態度莊子也了解，所以《莊子》中談到幾段孔子受困的故事，都特別生動。

孔子被圍困在陳國、蔡國之間，七天沒有生火煮飯，喝的野菜湯裡沒有米粒，神情十分疲憊，但他還是在屋內彈琴唱歌。顏回在屋外揀菜，子路與子貢互相談論說道：「老師兩次被逐出魯國，在衛國的行跡被人抹殺，在宋國的樹下講學，連樹都被砍掉，在商朝、周朝的境內不得志，在陳國、蔡國之間又受到圍困。要殺害老師的人沒有被治罪，要侮辱老師的人沒有被制止，老師卻還在彈琴唱歌，沒有停止過，君子有像他這樣無恥的嗎？」

顏回沒有回答，就進屋去報告孔子。孔子推開琴，長嘆一聲說：「子路與子貢都是淺見的小人啊。叫他們進來，我來告訴他們。」

子路與子貢進到屋中，子路說：「像老師這樣，可以算是窮困了吧！」孔子說：「這是什麼話！君子領悟大道的，就稱為通達；隔絕大道的，就稱為窮困。現在我懷抱仁義的理想，就算遭逢亂世的禍患，又有什麼窮困的呢！所以我內心反省而沒有隔絕大道，面臨危難而沒有失去操守。在天寒地凍、霜雪降下時，我才知道松柏的茂盛。在陳國、蔡國所遭受的困阨，對我來說其實是幸運啊！」孔子平靜地又彈起琴、唱著歌，子路奮勇地拿起盾牌起舞，子貢說：「我不知道天有多高，地有多厚啊！」

古代得道的人，窮困時快樂，通達時也快樂。不是因為窮困與通達而快樂，而是因為領悟了道，所以窮困與通達只是寒暑風雨的循環罷了，所以許由能在潁陽愉快度日，共伯可以在共首山下自得其樂。11

這才是儒家思想的真義，儒家思想講人生在世不是為了做官發財，即使想做官，也是為了造福百姓；即使想發財，也是為了造福百姓。

但是儒家的道更重要，它是從內在真誠出發，從人性向善，到擇善固執，到止於至善，透過個人生命的完善與完美，來使整個社會得到改善、得到福祉。

道家對儒家這種理想也很欣賞，在談到貧與富的時候，會強調對生活基本的要求是什麼。不必要求太多，因為永遠要求不完；要為自己設限，否則恐怕會消耗很多生命的能量與資源，到最後也許能得到一些財富，但是損失可能更大。就好像隨侯之珠，用像寶珠這麼寶貴的東西去打一隻麻雀，就算打到很大的麻雀，寶珠也不見了。

多年前有篇報導，比爾・蓋茲當時是世界首富，他抱著三歲的女兒說：「抱著小女兒，我覺得自己是全天下最幸福的人了。」很多人說：我也有女兒，為什麼抱她的時候不覺得幸福呢？因為自己不像比爾・蓋茲那麼有錢嗎？

其實，金錢只是必要條件，人間的親情、友情、愛情，才是充分條件。有了基本的生活條件之後，不需要去比較，接著就是生命自由發揮的空間，這樣的生命多麼自由自在。

人的生命有它內在的可貴，這是道家思想的重點，所以老子強調人要約束自己，盡量去除各種奢侈浪費，過簡單樸素的生活。這並不是要你過貧窮的日子，而是要在這種生活條件之上建構生命豐富的內容，去尋找生命中最高的價值。對道家而言，就是要設法悟道。

11
孔子窮於陳、蔡之閒，七日不火食，藜羹不糝，顏色甚憊，而弦歌於室。顏回擇菜，子路、子貢相與言曰：「夫子再逐於魯，削跡於衛，伐樹於宋，窮於商、周，圍於陳、蔡。殺夫子者無罪，藉夫子者無禁。弦歌鼓琴，未嘗絕音，君子之無恥也若此乎？」顏回無以應，入告孔子。孔子推琴，喟然而嘆曰：「由與賜，細人也。召而來，吾語之。」子路、子貢入。子路曰：「如此者，可謂窮矣！」孔子曰：「是何言也！君子通於道之謂通，窮於道之謂窮。今丘抱仁義之道以遭亂世之患，其何窮之為！故內省而不窮於道，臨難而不失其德，天寒既至，霜雪既降，吾是以知松柏之茂也。陳、蔡之隘，於丘其幸乎！」孔子削然反琴而弦歌，子路扢然執干而舞。子貢曰：「吾不知天之高也，地之下也。」古之得道者，窮亦樂，通亦樂，所樂非窮通也，道德於此，則窮通為寒暑風雨之序矣。故許由娛於潁陽，而共伯得乎共首。（《莊子‧讓王》）

生與死

8號相對論

生與死，是每個人都不能違反的自然規律。
人們往往渴望生而畏懼死，從古至今，
不論是帝王將相，還是尋常百姓，都曾想盡辦法要延長壽命。
而道家卻認為生與死是自然的循環，人生的重點不在於活多久，
而是活著的時候有沒有覺悟人生的真諦。
老子對生與死有什麼與眾不同的解釋？
而莊子又為自己安排了怎樣奇特的葬禮呢？

生死是個大問題，根據統計，到現在為止，地球上將近有九百七十億人經歷了他們的生命，而現在還活著的是七十億人左右。九百七十億是個龐大的數字，將來我們也會在這個數字裡面。

人活在世界上，有生、老、病、死，這是很自然的過程。這話說得輕鬆，當真正與死亡遭遇時，就無法坦然了，總是希望能夠多珍惜生命，多一點對死亡的了解，化解對它的恐懼。

一般人對陌生的事物總會有各種猜測與幻想，甚至是害怕。而對於死亡，我們只能從各種比喻來理解，很難有親身體驗。

我們讀《老子》就會發現有個很有趣的詞：出生入死。[1] 一般人講出生入死，指

1 出生入死。生之徒，十有三；死之徒，十有三；人之生生，動之死地，亦十有三。夫何故？以其生生之厚。蓋聞善攝生者，陵行不遇兕虎，入軍不被甲兵。兕無所投其角，虎無所用其爪，兵無所容其刃。夫何故？以其無死地。（《老子》第五十章）

的是打仗的時候很勇敢，衝鋒陷陣，但老子說出生入死，完全不是這個意思。老子說，人的生命從出生走向死亡，叫「出生入死」。

這世上有十分之三的人長壽，因為他們有長壽的基因，本來就會活很久；有十分之三的人短命；有十分之三的人喜歡養生，但營養太充足了，所以提早「報銷」了。

老子說了十分之九的人，剩下的十分之一，就是了解老子思想的人。老子希望人們能夠安其天年，「天年」就是自然的壽命。他也強調，人民如果不怕死，用死來威脅他們是沒有用的。

如果人生到最後注定要死亡，那麼這一生要做什麼呢？這個問題有很大的思考空間，而道家也給了我們與眾不同的答案。

老莊怎麼說？

世人皆知生與死是生命的自然之道，但人們往往在迎接新生命的時候笑逐顏開，而在告別人生的時候充滿了恐懼與悲哀。莊子如何看待生與死？他又有著怎樣獨特的思考呢？

生命是借來的

莊子非常實在，換個角度來說，也非常豁達。他說，生命來時不能拒絕，去時不能阻止，自然發生的，不能勉強。[2] 他的基本思考模式是把生命當作氣的變化，氣聚則生，氣散則死。[3] 所有生命都一樣，都是氣的聚散，不只是人類如此，所以整個天地之間是氣的運作。莊子把生命當作假託借用，也就是身體是借來的，這一生是個階段，至於要做什麼，又是另外的考慮。[4] 生命結束的時候就要放下，塵歸塵，土歸土，從哪兒來，就回哪兒去。

到底人生是怎麼一回事？莊子說，天地用形體讓我寄託，用生活讓我勞苦，用老年讓我安逸，用死亡讓我休息。我們從小到大要念書、工作；成家之後養家餬口，繼續奮鬥，在社會上追求個人和社會的福祉；老年退休時可以得到安逸，過個較為自在的生活，這就是莊子的基本觀念。對此我們不用太過於擔心，他說：「善吾生者，乃所以善吾死者也。」[5] 意指那妥善安排我出生的，也將妥善安排我的死亡。因此，人活在世界上不用過慮，不需要杞人憂天。換言之，人的一生，如果能看透生死，就知道該如何規劃人生。

老莊怎麼說？

老莊的思想認為，人應該透過生死的自然現象，參透人生的真理，從而智慧地規劃人生。那麼，我們應該如何度過生命的旅程？千百年前，莊子又透過怎樣的寓言故事，讓世人參透生命的真諦呢？

2 生之來不能卻，其去不能止。悲夫！世之人以為養形足以存生；而養形果不足以存生，則世奚足為哉？雖不足為而不可不為者，其為不免矣。（《莊子・達生》）

3 生也死之徒，死也生之始，孰知其紀！人之生，氣之聚也。聚則為生，散則為死。若死生為徒，吾又何患！故萬物一也。是其所美者為神奇，其所惡者為臭腐；臭腐復化為神奇，神奇復化為臭腐。故曰：「通天下一氣耳。」（《莊子・知北遊》）

4 支離叔與滑介叔觀於冥伯之丘，崑崙之虛，黃帝之所休。俄而柳生其左肘，其意蹶蹶然惡之。支離叔曰：「子惡之乎？」滑介叔曰：「亡，予何惡！生者，假借也，假之而生；生者，塵垢也。死生為晝夜。且吾與子觀化而化及我，我又何惡焉！」（《莊子・至樂》）

5 夫大塊載我以形，勞我以生，佚我以老，息我以死。故善吾生者，乃所以善吾死也。（《莊子・大宗師》）

死了變骷髏還比當人快活

莊子談到生死的問題，特別強調生命非常短暫，人活在天地之間，就像白馬飛馳掠過牆間的縫隙。[6] 讀書的時候，尤其是小學、中學，每天考試，總覺得度日如年；從學校畢業進入社會後，卻又度年如日，不知不覺四十、五十、六十、七十，十年、十年就過去了。這期間要盡各種責任，要念書、要工作，一眨眼時間飛快，尤其退休後回顧整個人生，都是一閃而逝。

《莊子》中有一段對話：舜請教丞說：「道可以獲得而擁有嗎？」丞說：「你的身體都不是你所擁有的，你怎麼能擁有道呢？」舜說：「我的身體不是我所擁有的，那麼是誰擁有它呢？」[7]

丞回答道：「它是天地所賦與的形體，生存不是你所擁有的，是天地所賦與的中和之氣；性命不是你所擁有的，是天地所賦與的順應過程；子孫不是你所擁有的，是天地所賦與的蛻變結果。所以，行路不知去處，居住不知保養，飲食不知滋味。這一切都是天地間變動的氣，又怎麼可能擁有它呢？」

道家看得比較豁達，提醒我們不要老是執著於光宗耀祖，或者孩子一定得繼承我們偉大的志向。就讓每個人對自己的生命負責吧！

有一次，莊子來到楚國，看見路邊有一個空的骷髏頭，形骸已經枯槁。莊子用馬鞭敲擊它，然後問道：「你是因為貪圖生存、違背常理，才變成這樣的嗎？還是因為國家敗亡、慘遭殺戮，才變成這樣的？還是因為作惡多端，慚愧自己留給父母妻子恥辱而活不下去，才變成這樣的？還是因為挨餓受凍的災難，才變成這樣的？還是因為你的年壽到了期限，才變成這樣的？」

6 人生天地之間，若白駒之過郤，忽然而已。注然勃然，莫不出焉；油然漻然，莫不入焉。已化而生，又化而死。生物哀之，人類悲之。（《莊子．知北遊》）

7 舜問乎丞曰：「道可得而有乎？」曰：「汝身非汝有也，汝何得有夫道？」舜曰：「吾身非吾有也，孰有之哉？」曰：「是天地之委形也；生非汝有，是天地之委和也；性命非汝有，是天地之委順也；子孫非汝有，是天地之委蛻也。故行不知所往，處不知所持，食不知所味。天地之彊陽氣也，又胡可得而有邪？」（《莊子．知北遊》）

從這段對話中，我們可以知道古人生命的結束方式：第一，養生過度導致生命提前結束；第二，國破家亡導致被殺害；第三，做了壞事被處決；第四，因為挨餓受凍導致提前死亡；第五，順應自然而使生命自然終結。

前面四種死亡的可能情況都是非自然的，只有第五種是自然而然結束的，這也說明了當時是個亂世。

說完這些話，莊子就拉過骷髏頭當枕頭睡起覺來，睡著之後，莊子夢見骷髏頭對他說：「你談話的方式像個辯士，你所說的那些都是活人的麻煩，死了就沒有這些憂慮了。你想聽聽死人的情形嗎？」莊子說：「好。」骷髏頭說：「人死了，上沒有國君，下沒有臣子，也沒有四季要料理的事，自由自在與天地並生共存，就算是南面稱王的快樂，也不能超過它啊！」

莊子不相信，他說：「我叫司命官恢復你的形體，加給你骨肉肌膚，還給你父母妻子與鄉親故舊，你願意這樣嗎？」骷髏頭皺起眉，憂愁地說：「我怎能放棄南面稱王的快樂，再回人間去辛苦呢？」[8] 可見莊子對於死亡看得非常豁達。

莊子還講了一些具有反諷意味的話，勸人不要害怕死亡，因為人活在世界上，有如年輕的時候離家出走，死了就代表回家。他還舉了一個故事來說明。

麗姬是艾地邊疆官的女兒，晉國剛迎娶她的時候，她哭得眼淚沾濕衣襟；等她進了王宮，與晉王同睡在舒適的大床上，同吃著美味的大餐，這才後悔當初不該哭泣。我怎麼知道死去的人不後悔自己當初努力求生呢？一個人晚上夢見飲酒作樂，早上起來卻悲傷哭泣；晚上夢見悲傷哭泣，早上起來卻打獵作樂。人在夢中，不知道自己在作夢，還要問夢的吉凶如何，醒來後才知道是在作夢。要有大清醒，然後才知道這是一場大夢。很多人拚命希望活著，想盡辦法不要死，最後還是死了。死了之後才發現

8 莊子之楚，見空髑髏，髐然有形。撽以馬捶，因而問之曰：「夫子貪生失理，而為此乎？將子有亡國之事、斧鉞之誅，而為此乎？將子有不善之行，愧遺父母妻子之醜，而為此乎？將子有凍餒之患，而為此乎？將子之春秋故及此乎？」於是語卒，援髑髏，枕而臥。夜半，髑髏見夢曰：「子之談者似辯士，視子所言，皆生人之累也，死則無此矣。子欲聞死之說乎？」莊子曰：「然。」髑髏曰：「死，無君於上，無臣於下，亦無四時之事，從然以天地為春秋，雖南面王樂，不能過也。」莊子不信，曰：「吾使司命復生子形，為子骨肉肌膚，反子父母妻子閭里知識，子欲之乎？」髑髏深矉蹙頞曰：「吾安能棄南面王樂而復為人間之勞乎？」（《莊子・至樂》）

原來死後這麼快樂，早知道就先來了。[9]

莊子用這種對照的說法，實在很諷刺，就好像麗姬被抓到宮廷去，本來以為遭遇很慘，結果發現很快樂；一個人害怕死亡，本來以為那是很慘的事，死了之後才發現還不錯嘛，可以接受，而且還滿開心的！

莊子的妻子死了，惠子去弔喪，這時莊子正蹲在地上，一面敲盆一面唱歌。惠子說：「你與妻子一起生活，她把孩子撫養長大，現在年老身死，你不哭也就罷了，竟然還要敲著盆子唱歌，不是太過分了嗎？」

莊子回答道：「不是這樣的，她剛死的時候，我又怎麼會不難過呢？可是我省思之後，察覺她起初本來是沒有生命的，不但沒有生命，而且沒有形體；不但沒有形體，而且沒有氣。然後，在恍恍惚惚的情況下，變出了氣，氣再變化而出現形體，形體再變化而出現生命，現在又變化而回到了死亡，就好像春夏秋冬四季的運行一樣。這個人已經安靜地睡在天地的大房屋裡，我卻還跟在一旁哭哭啼啼。我以為這樣是不明白生命的道理，所以停止哭泣啊！」[10]

生死只是生命狀態的變化，面對它，應該做到灑脫和超然。

老莊怎麼說？

莊子認為生和死是一體的，生死只是生命狀態的變化而已。所以面對生死，莊子能夠做到灑脫和超然。但是，在中國傳統的觀念中，自古對待死亡都講究入土為安，那麼，莊子究竟如何處理他的後事呢？他又採取了怎樣獨特的方式來面對死亡呢？

9 麗之姬，艾封人之子也。晉國之始得之也，涕泣沾襟。及其至於王所，與王同筐床，食芻豢，而後悔其泣也。予惡乎知夫死者不悔其始之蘄生乎？夢飲酒者，旦而哭泣；夢哭泣者，旦而田獵。方其夢也，不知其夢也。夢之中又占其夢焉，覺而後知其夢也。且有大覺而後知此其大夢也，而愚者自以為覺，竊竊然知之。（《莊子・齊物論》）

10 莊子妻死，惠子弔之，莊子則方箕踞鼓盆而歌。惠子曰：「與人居，長子老身，死不哭亦足矣，又鼓盆而歌，不亦甚乎！」莊子曰：「不然。是其始死也，我獨何能無概然！察其始而本無生；非徒無生也，而本無形；非徒無形也，而本無氣。雜乎芒芴之間，變而有氣，氣變而有形，形變而有生，今又變而之死，是相與為春秋冬夏四時行也。人且偃然寢於巨室，而我噭噭然隨而哭之，自以為不通乎命，故止也。」（《莊子・至樂》）

莊子的特殊葬禮

莊子臨終的時候，弟子們想要厚葬他，莊子說：「我把天地當作棺槨，把日月當作雙璧，把星辰當作珠璣，把萬物當作殉葬品，我陪葬的物品難道還不齊備嗎？有什麼比這樣更好的！」弟子說：「我們擔心烏鴉與老鷹會把先生吃掉。」莊子回答道：「在地上會被烏鴉與老鷹吃掉，在地下會被螻蟻吃掉，從那邊搶過來，送給這邊吃掉，真是偏心啊！」[11]

他這麼說好像在講別人的事一樣，他勸學生不要偏心，在哪裡都一樣，最後都是一具骨骸，塵歸塵，土歸土。

難道莊子真的這麼豁達嗎？《莊子》中多次出現一句話：「形如槁木，心如死灰。」修練的時候，要讓身體變成枯槁的木頭，不再長新的芽；心像死灰一樣，死灰不能復燃。

身體像槁木，心像死灰一樣，人生不是就結束了嗎？但是在道家思想裡恰好相反，形如槁木，心如死灰，正好是修練的結果，由此方能展現精神。

人活在世上，有身有心，之上還有一個精神，但是平常看不到這個精神，看到的只有身與心。每天活動，跟別人說話，互相了解，這就是身與心的表現。

但身與心的表現有很大的限制，身體總會在一個地方受困於某些事情，慢慢衰老，誰都沒有辦法阻擋。而人的心態複雜，給人帶來重重煩惱。修練之後，讓身心停頓下來，不要有任何欲望，也排除了雜念，然後出現精神，可以安頓下來。這就是所謂的道生精神，精神生於道。

11 莊子將死，弟子欲厚葬之。莊子曰：「吾以天地為棺槨，以日月為連璧，星辰為珠璣，萬物為齎送。吾葬具豈不備邪？何以加此！」弟子曰：「吾恐烏鳶之食夫子也。」莊子曰：「在上為烏鳶食，在下為螻蟻食，奪彼與此，何其偏也！」（《莊子・列禦寇》）

老莊怎麼說？

道家認為：精神生於道。老莊思想主張人們在面對生命的起始與終結時，要懂得自然之理，在人生的過程中消除欲望，恢復自然的本性，重在修心。那麼，莊子認為人應該如何修心？他又為什麼把人心分為四種呢？

莊子的「修心」之法

莊子歸納的四種心是：

一、感官之心：看到什麼就要什麼，聽到什麼就想什麼，隨時產生欲望，受外在的東西所牽引，身不由己，心也不由己。這是第一種心。

二、比較之心：他比我高、比我強、比我有錢、比我如何如何。這種心是自我與別的自我互相比較，常常會產生競爭的心態，將得失成敗看得太重了。

三、回歸自我之心：當自我反省的時候，既不受外在感官經驗的影響，也不受與他人比較的干擾，回歸自己，思考自己。但這樣還不夠，因為第三種心還是有執著，執著於我怎麼樣、我要如何。

四、真君之心：真君就是心已經展現到自為主宰，並且設法和道結合，找到人生正確的價值和目標。心像靈臺一樣，可以在上面迎接道，與道契合，然後經過重重的修練，經過三種心的化解，人進到倉庫一樣的靈府，裡面有各種寶貝。

人生的修練是個很大的挑戰，當放下身心，就好像放下了一切，此時才開始要去獲得真正有價值的東西，也就是道。

老子說：「有物混成，先天地生。」開始的時候根本沒有人知道什麼是道，有一樣東西渾渾沌沌的一片，比天地還要早存在。

天地存在之前先有道，天地是從道而來的，它「獨立而不改，周行而不殆」，它是唯一、它是普遍、它是天下萬物的母親。我們不知道它的名字，勉強稱它為「道」

吧！「道」作為萬物的來源，也是萬物的歸宿，根本沒有名字，所以說：「道，可道，非常道；名，可名，非常名。」

老莊怎麼說？

道家認為，道是萬物之始，人們要從道的角度看待宇宙和人生。對於人世間的各種遭遇，要放下執著，順應自然規律而行。那麼，道家所說的道究竟從何而來？道家思想所強調的智慧又是什麼樣的呢？

「死」引發根本的智慧

老子之所以偉大，因為他提出的問題與宗教所關心的問題類似，找到了問題的根源。但老子並沒有強調宗教的教義，譬如相信某些創世論或輪迴說，他只是從人的理性出發，強調智慧，但這個智慧不是一般的智慧，而是根本的智慧。

談到這些問題，可以借用西方哲學家海德格的一句話：向死而生。一個人活著，如果從來不考慮死亡的問題，只是注意每天發生的事，充其量不過是跟別人來來往往，有得有失，有苦有樂。

然而，如果面對死亡，向死而生，這時候就會考慮什麼樣的生活才是值得的、才是自己應該做的選擇。

《論語》有一句話，子路請教孔子，怎麼跟鬼神相處，孔子說：「未能事人，焉能事鬼。」你還不懂得怎麼跟人相處，怎麼會了解怎麼跟鬼神相處呢？孔子提醒子路，先做人處世，好好跟人來往再說。

子路接著問，什麼是死亡？在整部《論語》中，這是一個很好的問題，但是很可惜，問的人子路是個行動派，喜歡政治，勇於作戰，不太善於思考。孔子因材施教，他知道和子路講死亡的道理他不見得可以理解，於是他說：「未知生，焉知死？」你還不了解生活的道理，怎麼會了解什麼叫作死亡呢？

很多人主張今天這個時代要重視死亡學，西方這十幾年也很流行談什麼叫「死亡」，因為他們強調人的生命到最後需要安寧照顧，使之能夠善終。而了解死亡，才能安排有意義的人生。

老莊怎麼說？

對於天地萬物而言，人的生命是微小而短暫的。老莊思想主張把生與死看作一個循環和交替，來自於自然，回歸於自然。遵循這種自然之說，我們該如何善待生命呢？在現實中，又該如何領悟老莊的思想，活出智慧的人生呢？

記得鞭打落後的羊群

道家強調要養生，但不是要你特別照顧生命、養得太好，以至於提早出問題；也不會要你修成正果，可以活到一、兩千年似的。

道家的養生在《莊子》中有段說明：會養生的人，就像牧羊一樣，要看準落後的羊揮鞭子。走在最後面的羊，用鞭子抽幾下，牠就往前走。一群羊在走路，光趕前面的羊沒用，因為牠已經走在前面了，用不著擔心。得從後面的羊開始趕起，讓牠趕上前去。

接著，莊子講了一個簡單的故事：魯國有一個人，名叫單豹，他住在岩洞裡，只喝清水維生，不與眾人爭利，活到七十歲了，還有嬰兒般的容顏。有一天，他不幸遇到一隻餓虎，就被餓虎咬死吃掉了。

另外有一個人，名叫張毅，凡是高門大宅的富貴人家，他無不奔走鑽營，結果四十歲就患內熱病而死。

單豹修養內心，而老虎吃掉他的身體；張毅保養身體，而疾病由內部侵害他。這兩個人都是沒有鞭打落後的羊啊！

孔子說：「不要深入荒山到隱藏自己的地步，不要行走世間到顯揚自己的地步，要像枯木一樣處於兩者之間。若能領悟這三點，一定可以實現養生之名。對於危險的路段，如果知道十人中有一人被殺，那麼父子兄弟就會互相警惕，多找些人才敢外出，這樣不也是明智嗎？但人最該害怕的，是在臥榻之上與飲食之間，卻又不知道對此警惕，實在是個過錯啊！」[12]

單豹活到七十歲，身體很好，但是離開人群太遠了，碰到老虎也沒有人救他。因此，我們不能一味地追求隱居、過簡單的生活，遠離人群，可能會遭遇莫名其妙的災禍。相對的，如果努力在這一生當中追求富貴，恐怕會提早患了熱病。

這說明人不要走極端，不要遠離人群，出了事沒人保護；也不要太熱中於投入人群，以至於讓自己太累，造成更大的問題。而是要像牧羊一樣，哪一邊的羊落後了，就推趕牠一下；已經走在前面的羊，就讓牠走慢一點，後面的讓牠趕上。

人在生命的每一個階段，都要保持身心的平衡，我們不必像莊子所說的，形如槁木，心如死灰，但是要讓身心保持平衡、穩定，才有更多的時間、更多的機會去發展精神的境界。

莊子說：「水靜猶明，而況精神。」水如果平靜，看起來都很明亮，何況是人的精神？人的精神倘若平靜，可以上通天地、下達萬物。道家思想的奧妙就從這個地方展現，在面對生命的起始與終結時，要懂得自然之理，在人生的過程中消除欲望，恢復自然的本性，重在修心。

12 田開之曰：「魯有單豹者，巖居而水飲，不與民共利，行年七十而猶有嬰兒之色，不幸遇餓虎，餓虎殺而食之。有張毅者，高門縣薄，無不走也，行年四十而有內熱之病以死。豹養其內而虎食其外，毅養其外而病攻其內。此二子者，皆不鞭其後者也。」仲尼曰：「無入而藏，無出而陽，柴立其中央。三者若得，其名必極。夫畏塗者，十殺一人，則父子兄弟相戒也，必盛卒徒而後敢出焉，不亦知乎！人之所取畏者，衽席之上，飲食之間，而不知為之戒者，過也！」（《莊子．達生》）

9

外化與內不化

號相對論

千百年來，老莊思想以其推崇道法自然、清靜無為，而深深影響著人們的生活。

「天地與我並生，而萬物與我為一」，道家學說的超脫，往往是相悖於儒家推崇積極入世的思想，而被稱作出世學說。但其實在老莊的思想中並非如此，它所推崇的是「外化而內不化」的處世哲學。

那麼具體來說，道家學說究竟推崇怎樣的處世哲學？老莊思想中的「外化而內不化」又蘊含著怎樣的智慧呢？

一般人提到道家的時候，總覺得好像虛幻飄渺，玄之又玄。其實很多時候，我們都誤解道家了。

魏晉時代的新道家因為時代的特殊因素，使得某些讀書人的表現與眾不同，例如，竹林七賢裡有一位劉伶，這個人在家裡面從來不穿衣服，朋友勸他：「你也是讀書人，在家裡一絲不掛，成何體統呢？」

劉伶說：「天地就是我的家，我的房子是我的內褲，你們跑到我的內褲裡，卻怪我沒穿衣服。」

他的這種表現並非真正的道家，人要尊重社會，不要讓別人覺得緊張與壓力，這就是外化，也就是外在所有的作為、言語表現，都與他人相同，不要突出、不要標新立異。

另一方面，內不化指的是不論外在有什麼遭遇，內心都不受干擾或影響。在這裡，可以用四句話描寫莊子的整個思想：第一、與自己要安；第二、與別人要化；第三、與自然要樂；第四、與大道要遊。

其中與別人要化，即是外化。人活在世界上和別人來往，應該尊重別人，不要老是認為自己已經學了道家，達到某種境界，就要與別人不同，特立獨行。若是如此，有時候反而會弄巧成拙，讓別人覺得你驚世駭俗。

莊子思想來自於老子，《老子》裡提到兩句話，一個是「和光同塵[1]」。這句話不只出現一次，意指我有光芒，要緩和一下，別人有灰塵，我也沾一點。

這不是同流合汙，同流合汙是身不由己，根本就淹沒在裡面了。和光同塵是自己可以採取主動，緩和光芒，混同塵垢。這就是外化。

和大家相處在一起何必斤斤計較，每個人都有自己生命的故事，走到這個階段與別人在這裡相逢，互相尊重就是了。

另外一句話也是類似的意思，「被褐懷玉[2]」，外面穿著粗布的衣服，懷裡揣著美玉。懷中的美玉不要亮出來，財寶亮出來，會給自己惹來麻煩。外面穿著粗布的衣服，與大家都一樣，別人從外表絕對看不出誰是老子、誰是莊子。這就是道家強調的外化，外表與別人同化。

老莊怎麼說？

無論是和光同塵，還是被褐懷玉，都表述了老莊思想的外化哲學。老莊並不主張人們離群索居、特立獨行，而是強調一個人的修練在於內，而外在的行為要追求和諧，與他人自然相處。那麼，在老莊思想中，外化究竟要達到怎樣的境界呢？

1 道，沖而用之或不盈。淵兮似萬物之宗。挫其銳，解其紛，和其光，同其塵。湛兮似或存。吾不知其誰之子，象帝之先。（《老子》第四章）

2 吾言甚易知，甚易行。天下莫能知，莫能行。言有宗，事有君。夫唯無知，是以不我知。知我者希，則我者貴。是以聖人被褐而懷玉。（《老子》第七十章）

忘了我是誰

談到外化，我們可以用兩個字進一步來說明，一個是「忘」，另一個叫作「化」。莊子說，忘了腳的存在，代表鞋子很舒適；忘了腰的存在，代表腰帶很舒適；忘了是非的區分，代表心很舒適。[3]

「忘」代表把這些都放在一邊，沒有任何干擾。如果常覺得有腳的存在，表示鞋子一定是卡住腳了；我自己則是很難忘記腰的存在，因為太胖了。

「忘」再進一步來說，就是莊子說的「魚相忘於江湖，人相忘於道術[4]」。魚在江湖裡面互相忘記，對方是什麼魚？自己是什麼魚？甚至連自己是不是魚也都忘記了，這多好啊！道與道的應用稱作道術，在道術裡面，也互相忘了彼此是什麼關係、誰是誰，因為大家都在道這個整體裡面。

談「忘」，就免不了談莊子的「心齋坐忘」。

有一次，孔子的學生顏淵想到衛國去幫忙。事實上，這是莊子假託的，因為真正的顏淵從來沒有想到要去找官做，但是在《莊子》中，顏淵很好心，想去衛國幫忙。

孔子問他準備好了嗎，顏淵說：「我準備了好幾套辦法，第一套，內直；第二套，外曲，第三套，成而上比。我就保持內直而外曲，並且處處引用古人之言。

「所謂『內直』，是向自然看齊。向自然看齊的人，知道天子與自己都是自然所生的，那麼自己說的話還會在乎別人喜歡或不喜歡嗎？我這麼做，人們會說我是天真的兒童，這叫作向自然看齊。所謂『外曲』，是向人們看齊。參見君王時，拱手、跪拜、鞠躬、曲膝，是做臣子的禮節。別人都這麼做，我敢不這麼做嗎？做別人都做的事，別人也沒有什麼挑剔，這叫作向人們看齊。

「至於處處引用古人之言，是向古人看齊。這些言詞雖然有教導督責的內容，不

3 工倕旋而蓋規矩，指與物化而不以心稽，故其靈臺一而不桎。忘足，屨之適也；忘要，帶之適也；知忘是非，心之適也；不內變，不外從，事會之適也；始乎適而未嘗不適者，忘適之適也。（《莊子・達生》）

4 泉涸，魚相與處於陸，相呴以溼，相濡以沫，不如相忘於江湖。與其譽堯而非桀也，不如兩忘而化其道。（《莊子・大宗師》）

過都是古人說的，並非我想出來的，因此即使直言勸諫，也不會被詬病，這叫作向古人看齊。這樣做可以嗎？」

孔子說：「不，怎麼可以呢！你用的方法太多，方法正確而關係不夠親密。雖然過於拘泥，不過還可以免罪。然而，你也只能做到這個地步了，怎麼談得上感化君主呢？你還是執著於自己的成見啊！」

顏淵說：「我沒有更好的想法了，請問該怎麼辦呢？」孔子說：「你先齋戒，我再告訴你。有所用心去做事，難道就容易成功嗎？這麼容易就成功，就不合乎自然之理了。」顏淵說：「我家境貧寒，已經幾個月不喝酒、不吃葷了，這樣可以算是齋戒嗎？」孔子說：「這是祭祀方面的齋戒，不是心的齋戒。」顏淵說：「請問什麼是心的齋戒？」

什麼叫作內心守齋呢？心志專一，不要用耳去聽，要用心去聽；不要用心去聽，要用氣去聽。耳只能聽見聲音，心只能了解現象；至於氣，則是空虛而準備回應萬物的。只有在空虛狀態中，道才會展現出來。空虛狀態，就是心的齋戒，[5] 也就是排除各種雜念，不要認為什麼事非怎麼做不可，也不要要求非成功不可。

換句話說，心齋就是形如槁木，心如死灰，讓心守齋進入死灰狀態，才能出現精神。

《莊子》中有個詞很受大家重視，叫作「天籟[6]」。〈齊物論〉一開始就提到：有人籟、有地籟、有天籟。籟是一種樂器，像竹、像笛子、像簫一樣，竹子做成的，中間是空的。

---

5 顏回曰：「吾無以進矣，敢問其方。」仲尼曰：「齋，吾將語若。有而為之，其易邪？易之者，皞天不宜。」顏回曰：「回之家貧，唯不飲酒不茹葷者數月矣。如此則可以為齋乎？」曰：「是祭祀之齋，非心齋也。」回曰：「敢問心齋。」仲尼曰：「若一志，無聽之以耳而聽之以心；無聽之以心而聽之以氣。耳止於聽，心止於符。氣也者，虛而待物者也。唯道集虛。虛者，心齋也。」（《莊子・人間世》）

6 南郭子綦隱几而坐，仰天而噓，荅焉似喪其耦。顏成子游立侍乎前，曰：「何居乎？形固可使如槁木，而心固可使如死灰乎？今之隱几者，非昔之隱几者也？」子綦曰：「偃，不亦善乎，而問之也！今者吾喪我，女知之乎？女聞人籟而未聞地籟，女聞地籟而未聞天籟夫！」子游曰：「敢問其方。」……子游曰：「地籟則眾竅是已，人籟則比竹是已，敢問天籟。」子綦曰：「夫吹萬不同，而使其自已也。咸其自取，怒者其誰邪？」（《莊子・齊物論》）

人籟就是人所發出的聲音，人所發出的聲音有個特色，聲音裡一定含有某種含義。而地籟則是自然界發出的聲音，莊子用風做比喻，風吹過一個地方，山上什麼地方有洞穴、樹木，什麼地方有竅孔，風一吹過去就會發出不同的聲音。

至於什麼叫天籟呢？莊子沒有回答，他只是說，天籟是什麼？天籟就是所有的一切在運作、發動。是誰發動的呢？沒有人發動，自然而然就展現了這一切，這就叫作天籟。

人籟是人發出的聲音，地籟是自然界發出的聲音，難道還有其他的聲音嗎？我們所知道的就是人類和自然界，所以，可見莊子所謂的天籟並不是一種聲音，而是人聆聽的一種方式。

孔子接著告訴顏淵：「你要聽聲音是吧，不要用耳朵聽，要用心去聽；不要用心去聽，要用氣去聽。」

用耳朵聽聲音，我們覺得可以理解，但是不要忘了用心去聽，心才能聽到聲音裡面的意思。最後，用氣去聽，氣就是我們的呼吸。

要改變聽的態度，不要存在主客對立，因為道是一個整體。

有時候我們形容某個人演奏鋼琴、小提琴是天籟之音，但這不是莊子的本意，因為莊子說不要用耳朵聽，也不要用心去聽，而是要用氣聽。用氣去聽，也就是：不聽就是聽，聽就是不聽，聽到就是沒聽到，沒聽到就是聽到。這是一種內心態度的轉變，把主客變成一個整體，這種境界就叫作「天籟」，也就是忘了自己是誰。

老莊怎麼說？

忘了我是誰，一切歸於自然，達到逍遙，是老莊思想追求的至高境界。莊子也總是假託人物故事來闡述逍遙遊的思想。但是在現實生活中，面對種種的是是非非，以及紛雜的干擾，我們又如何做到忘我、達到內心的平靜和逍遙呢？

影子的故事

莊子說曾子做官的時候，內心起了很大的變化。曾子一開始做官時，所領的薪水是三釜，後來做了大官，領了三千鍾，是原來薪水的一萬倍。曾子做了高官，領那麼多薪水，內心反而不快樂，因為他想到以前錢領得少的時候，父母還在，自己可以孝順。現在領了這麼多錢，父母卻不在了，錢又有什麼用呢？因為曾子是以孝順知名的。

學生於是問老師孔子，曾子這樣算不算很高的境界？孔子說還不算，三釜跟三千鍾，就像面前的鳥雀蚊虻飛過去一樣，沒有什麼差別。[7] 你絕不能說我要孝順的時候，只有三釜，太少了，等將來發大財了，我再來孝順。真正的孝順是不管錢多錢少，孝心最重要，如果因為錢多而產生變化，代表還不到最高境界。

蘧伯玉是衛國的大夫，也是孔子的老朋友，已經六十歲了，六十年來都在與時變化，未嘗沒有在開始時認為對的事，後來反而以為是錯的；不知現在所謂對的，是不是五十九歲時認為是錯的。[8]

萬物處在生長之中，但沒有人見過它的根源；一切都有出處，但沒有人見過它的門徑。人們都重視自己智力所及的知識，卻不知道要靠自己智力所不及的知識才可得到真知識，這不是大迷惑嗎？然而，沒有人可以免於這種迷惑。

不過莊子此刻依舊反問：這就是對的說法嗎？真的如此嗎？

《莊子》中有一段關於影子的故事：影子旁邊的陰影請教影子說：「你剛才低頭，現在抬頭；剛才束髮，現在披髮；剛才走動，現在停止，為什麼呢？」影子說：「區區小事，何必問呢？我就是這樣，但不知道是什麼緣故。我，就如蟬脫下的殼、蛇蛻下的皮，很像蟬殼與蛇皮卻又不是。遇上火光與陽光，我就出現；遇到陰暗與黑夜，我就消失。形體真是我所要等待的嗎？或者我竟是無所等待的呢？它來，我便隨著它

---

7 曾子再仕而心再化，曰：「吾及親仕，三釜而心樂；後仕，三千鍾不洎，吾心悲。」弟子問於仲尼曰：「若參者，可謂無所縣其罪乎？」曰：「既已縣矣。夫無所縣者，可以有哀乎！彼視三釜、三千鍾，如觀雀蚊虻相過乎前也。」（《莊子・寓言》）

8 蘧伯玉行年六十而六十化，未嘗不始於是之，而卒詘之以非也；未知今之所謂是之非五十九非也。（《莊子・則陽》）

來；它去，我便隨著它去；它活動，我便隨著它活動。只是活動而已，又有什麼可問的呢？」[9]

這世上所有的一切，都像蝴蝶效應般，這邊一活動，震撼的效果一路下來都會受到影響。因此，每個人在與他人來往的時候，不知不覺就會表現出自己在電影中看到的手勢，說出看過書本中的某一句口頭禪，而自己也不知道這是受誰的影響。

老莊怎麼說？

莊子的故事告訴我們，在生活中不僅要做到關心朋友、孝敬父母、與他人自然相處，更重要的是能夠隨著身邊世事的變化，不斷調整自己，在變化中改變，在改變中適應，而其中的關鍵在於保持一顆清靜平常的心。那麼，道家的這種處世哲學，是否相通於儒家的入世哲學？兩家的思想又有著怎樣的異同呢？

放下身段是第一步

從「外化」可看出道家與儒家互相欣賞，兩者有相通之處。儒家是入世的哲學，個人生命的成就和社會的發展緊密結合在一起，「窮則獨善其身」，既是儒家的，也是道家的。

有一次，莊子穿著一身特殊的服裝去見魯哀公。魯哀公和孔子同一個時代，是魯國最後一個國君。莊子比孔子晚了一百多年，怎麼會和魯哀公見面呢？其實《莊子》

9 眾罔兩問於景曰：「若向也俯而今也仰，向也括而今也被髮，向也坐而今也起，向也行而今也止，何也？」景曰：「搜搜也，奚稍問也？予有而不知其所以。予，蜩甲也，蛇蛻也，似之而非也。火與日，吾屯也；陰與夜，吾代也。彼吾所以有待邪？而況乎以無有待者乎？彼來則我與之來，彼往則我與之往，彼強陽則我與之強陽。強陽者，又何以有問乎？」（《莊子・寓言》）

中有一些文章不是他本人所寫，而是後人加上去的，所以莊子才會見到了魯哀公。

哀公說：「魯國的儒者很多，而學習先生這套方術的很少。」莊子說：「魯國的儒者很少。」哀公說：「全魯國的人都穿著儒服，怎麼能說少呢？」

莊子回答道：「我聽說，儒者中戴圓帽的，懂得天時；穿方鞋的，明白地形；佩戴五色絲繩繫和玉玦的，遇事有決斷。君子有某種修養的，未必穿某種服裝；穿某種服裝的，未必了解某種修養。如果您認為我說得不對，何不下令給國人說：『不具備儒者修養而穿儒服的，都要處以死罪。』」

哀公於是發出這項命令，五天之後魯國沒有人敢再穿儒服，只有一個男子穿著儒服站在哀公府的大門外。哀公召見他，徵詢他對國事的意見，問題千變萬化，他都從容應答。莊子說：「全魯國只有一位儒者，可以算多嗎？」[10]

從這裡我們可以看出莊子很了解儒家，因為他注重外化。莊子很欣賞儒家尊重社會、積極追求，他外表沒有和社會走不同的路，而是順勢而行。

講到「化」，有一個最有名的故事：有一個人叫陽子居，他向老子請教該怎麼修行，老子說：「你態度這麼傲慢，怎麼跟別人相處呢？真正的潔白要能含垢受辱。」

老子說的「大白若辱」，「辱」代表黑垢，白裡面不太白，才是真正的白。

陽子居前往南方的沛地，正好老子要去西方的秦國遊歷，他們於是約了在郊外見面，到了梁地才遇到老子。老子在途中仰天而嘆說：「起初我以為你可以受教，現在才知道不行。」陽子居沒有回應。

到了旅舍後，陽子居侍奉老子梳洗乾淨，把鞋脫在門外，跪行向前說：「剛才弟子想請教先生，先生在路上沒有空閒，所以不敢開口，現在空閒了，請指出我的過錯。」老子說：「你態度傲慢，誰要與你相處？真正潔白的人，要好像含垢受辱；

---

10 莊子見魯哀公。哀公曰：「魯多儒士，少為先生方者。」莊子曰：「魯少儒。」哀公曰：「舉魯國而儒服，何謂少乎？」莊子曰：「周聞之，儒者冠圜冠者，知天時；履句屨者，知地形；緩佩玦者，事至而斷。君子有其道者，未必為其服也；為其服者，未必知其道也。公固以為不然，何不號於國中曰：『無此道而為此服者，其罪死！』」於是哀公號之五日，而魯國無敢儒服者。獨有一丈夫儒服而立乎公門。公即召而問以國事，千轉萬變而不窮。莊子曰：「以魯國而儒者一人耳，可謂多乎？」（《莊子・田子方》）

德行充實的人，要好像有所不足。」陽子居慚愧地變了臉色：「敬聽先生的教訓了。」

陽子居剛到旅舍的時候，旅舍裡的客人都來迎接，旅舍主人安排坐席，女主人替他拿毛巾梳子，先坐的人讓出位子，取暖的人讓出火爐。但等他接受了老子的教訓之後，旅舍的客人就同他搶位子坐了。[11]

因為「化」，陽子居已經化解了心中的傲慢，以及自己的身分、地位，變成了平常人。

所以說，平常心是「道」。一個人如果外表裝腔作勢，看到別人會保持距離，覺得自己是什麼身分規格、要有什麼樣的待遇標準，以致與他人產生距離。

真的做到外化時，就知道公共場合公事公辦的時候，人可以扮演自己的角色、承擔責任，但是私底下的生活還是與他人和樂融融。更重要的是，倘若別人看到你就有一種距離感、有壓力，如此不一定就是成功的象徵。

這是道家的「外化」，但是道家更重要的觀念，其實是接下來所要討論的「內不化」。

老莊怎麼說？

道家推崇清靜無為，在老莊思想中，外化是一種修練，最終目的是為了達到真正的內不化。道家哲學中的「內不化」究竟是怎樣的思想？在現實生活中，我們又如何理解老莊思想的精髓——「外化而內不化」呢？

11 陽子居南之沛，老聃西遊於秦；邀於郊，至於梁而遇老子。老子中道仰天而嘆曰：「始以汝為可教，今不可也。」陽子居不答。至舍，進盥漱巾櫛，脱屨户外，膝行而前曰：「向者弟子欲請夫子，夫子行不閒，是以不敢。今閒矣，請問其過。」老子曰：「而睢睢盱盱，而誰與居？大白若辱，盛德若不足。」陽子居蹴然變容曰：「敬聞命矣。」其往也，舍者迎將，其家公執席，妻執巾櫛，舍者避席，煬者避竈。其反也，舍者與之爭席矣。（《莊子・寓言》）

莊子交朋友的原則

什麼是內不化呢？莊子談到自己交朋友有一些原則：「誰能把『無』當作頭，把『生』當作脊梁，把『死』當作尾椎；誰能明白死生存亡是一個整體，這樣的人，我才要同他交往。」12

代表我們生命開頭的是「無」；我們的脊椎、脊梁叫作「身」；尾椎，也就是脊梁最後的部分，叫作「死」。無、身、死是一個人生命的整體，有無生死是一個整體。跟了解這一點的人做朋友有一個特色，就是不需要說話。用八個字來描述，即是「相視而笑，莫逆於心」，大家都有默契，見了面，互相笑一笑，心中沒有任何違背的地方，叫作「莫逆於心」。這些人屬於內不化的狀態，都以道作為依歸。

《莊子・齊物論》有句話：「天地與我並生，而萬物與我為一。13」意思是天地與我同時存在，萬物與我化成一體，合而為一。

中國人很喜歡講「天人合一」，這四個字其實就是出自《莊子》，但是莊子沒有直接說這四個字，他說的是「人與天一也」，我們後來就把它說成「天人合一」了。

意思是：人與自然其實是一個整體，因為一切都在道裡面。

天是大自然，人是人類，大自然與人類合一，回到一切萬物的來源和歸宿，也就是所謂的道。

---

12 子祀、子輿、子犁、子來四人相與語，曰：「孰能以無為首，以生為脊，以死為尻；孰知死生存亡之一體者，吾與之友矣！」四人相視而笑，莫逆於心，遂相與為友。（《莊子．大宗師》）

13 有始也者，有未始有始也者，有未始有夫未始有始也者。有有也者，有無也者，有未始有無也者，有未始有夫未始有無也者。俄而有無矣，而未知有無之果孰有孰無也。今我則已有謂矣，而未知吾所謂之其果有謂乎？其果無謂乎？夫天下莫大於秋毫之末，而大山為小；莫壽乎殤子，而彭祖為夭。天地與我並生，而萬物與我為一。（《莊子．齊物論》）

老莊怎麼說？

老莊認為天地萬物來源於道，道無所不在。當一個人透過外化的修練，最終達到內不化的境界後，他的內心就能感受到道的存在，如同加上了自由的翅膀，可以超越身體的束縛，穿越生死，進入到逍遙的狀態，達到天人合一。但如何才能達到這樣的境界？怎樣才能由外化達到內不化呢？

把「應該」變成「願意」

「內不化」指的是不管有任何遭遇，內心都不受干擾，「舉世譽之而不加勸，舉世非之而不加沮[14]」。意指天下人都稱讚我，也不會使我更振奮；天下人都批評我，也不會讓我更沮喪。

要做到這一步不容易，但是這樣還不夠，還要再進一步。因為有所求必有所待，無所求就無所待，無所待才能真正逍遙。

莊子講逍遙遊的時候，強調從身到心到精神。一個人活在世界上，總有各種內在外在的限制，精神出現之後才可能逍遙。

一個人生在亂世，很是不幸，但如果學了道家的思想之後，就會意識到不管在任何時代、任何社會，也不管年齡、身體狀態如何，只要活著、能夠自由思考，就可以修練，讓自己內心不化。

如果你要問，人的生命像一滴水，怎樣才能不讓這滴水乾涸？答案只有一個：把它丟到海裡去。海就是道，這滴水就像我們的生命一樣，如果讓生命回歸於道，回歸

---

14 且舉世而譽之而不加勸，舉世而非之而不加沮，定乎內外之分，辯乎榮辱之竟，斯已矣。彼其於世未數數然也。（《莊子．逍遙遊》）

於最後的根源和歸宿，它就永遠不會匱乏。

莊子認為人活在世界上，與道結合、內心不離開道，生命就沒有欠缺。生命本身很圓滿，什麼都不少，只是自己沒有察覺而已。

一般人講「不得已」，有無奈、被迫、好像沒有選擇餘地、不得不做的意思。但莊子所謂的「不得已」完全不同，他的意思是當各種條件成熟時，你就順其自然，換言之，他的「不得已」指的是順其自然。

不過有一個前提：必須當各種條件都成熟的時候。任何事情都有它的條件，條件成熟的時候，事半功倍，就像順水推舟，力氣花得很少，效果卻很大。反之，如果條件不成熟而非做不可，再怎麼辛苦，也是事倍功半。

道家強調智慧，不僅只有高明的智慧，也包括現實生活的智慧。莊子一再強調不得已，任何事情都要考慮不得已，只要是不得已，就照著做，就好像風一吹動，草葉就飛起來了。什麼時候停呢？看風什麼時候停。

一方面隨著大自然、社會風氣的趨勢，順著人群的需求走，一旦需求停止，你也就自然停了下來，沒有任何情感的干擾。

道家強調情感不要有太多干擾，莊子說：人最好不要有什麼情感。惠施和他辯論，人怎麼可能沒有情感，沒有情感算人嗎？莊子說：「你誤會我的意思了，我說的是人可以有情感，但不要被這些情感所干擾，內心不要因為情感而受影響。該哭就哭，該笑就笑，但是內心保持穩定，保持安寧。」

這就是不得已，人生在世，生命有無奈、被動的一面，學會了莊子的不得已，就會轉被動為主動。把「應該做」什麼事變成「我願意」這麼做，因為知道這是自己非做不可的，既然要做，為什麼不做得開心一點呢？這就是道家思想「不得已」的關鍵：把「應該」變成「願意」。

道家的自在不是不要任何約束，而是在約束中接受約束，使它內化，不再成為約束。

老莊怎麼說？

莊子告訴我們，人的外化首先源自於不得已。我們沒有能力去改變所處的時代和環境時，如果一味地憤世嫉俗，只會增加內心的痛苦。如此一來，不如讓自己去適應。但適應不是隨波逐流，而是內化為一顆平常心。擁有了這顆平常心，就能領悟道的存在，達到逍遙遊。莊子所提到的道究竟是什麼？其中又蘊含著怎樣的哲學智慧呢？

一切回歸「道」

要想做到「萬物與我為一」，首先要做到「內不化」[15]。內在自我變成靈臺、靈府、真君，變成精神；精神從道而來、回歸於道；最終就會發現生命不是槁木死灰，而是外在的身體與內在思想意識形態的融化。精神與道相通之後，就會感到生命可以在任何地方悠遊自在，因為道是無所不在的。

值得注意的是，道不是只有大自然，也不是虛擬的境界。老子所說的大自然，是天地萬物。道家的「道」，既不等於天地萬物這個自然界，也不等於人類，它是萬物的來源及歸宿。

道超越一切，作為萬物的根源和歸宿，包含一切在內，它是一個整體。就好像蘇東坡的詩：「不識廬山真面目，只緣身在此山中。」在道裡面怎麼可能清楚道的真面目呢？我們所謂的概念，都是相對於我們的經驗才出現的。你怎麼可能看到道呢？道

15 宇泰定者，發乎天光。發乎天光者，人見其人，物見其物。人有修者，乃今有恆；有恆者，人舍之，天助之。人之所舍，謂之天民；天之所助，謂之天子。學者，學其所不能學也；行者，行其所不能行也；辯者，辯其所不能辯也。知止乎其所不能知，至矣；若有不即是者，天鈞敗之。備物以將形，藏不虞以生心，敬中以達彼，若是而萬惡至者，皆天也，而非人也，不足以滑成，不可內於靈臺。靈臺者有持，而不知其所持，而不可持者也。（《莊子．庚桑處》）

比你知道的更為寬闊，包含一切在內。

這是我們對於道所應有的基本認識。有了這樣的認識之後，你才會發現人的生命為什麼可以說是偉大。

著名思想家王陽明說：「拋卻自家無盡藏，沿門持缽效貧兒。」把自己家裡無盡的寶藏統統拋開，然後沿門持缽仿效貧窮的孩子，到處向別人要東西，給我一點佛教、基督教思想，給我一點西方的文化。

其實，我們自己的傳統就已經非常豐富了，所以下一章談道與逍遙，要把老莊的思想做個總結，透過這樣的反省，可以對道有更深層的認識，讓自己的生命更為自在、更為逍遙。

10 號相對論

道與逍遙

老莊推崇「道法自然，清靜無為」，這是道家學說的最高境界。但什麼是道？《老子》開篇說：「道，可道，非常道。」道，可以用語言表述，但又不是語言表述中一般意義上的道。老莊思想中的道究竟是什麼？在現實生活中，我們又怎麼達到「清靜無為」？而老莊思想的「無為」，又有著怎樣深邃的人生道理？

說到「道與逍遙」，我們先看看國外怎麼看待道家。

《老子》這本書的翻譯本非常多，據說全世界除了《聖經》之外，賣得最多的就是《老子》。

雷根當總統時，在一九八八年的元旦發表國情咨文，其中特別引用了老子一句話：「治大國，若烹小鮮。[1]」治理大的國家好像煎一條小魚一樣，要盡量無為而治。煎一條小魚如果太努力，最後可能變成魚鬆了，因此什麼都不要做，底下熟了，上面大概也熟了。

雷根說完這句話的第二天，書店裡《老子》的譯本幾乎被搶購一空。

在哲學界，老子有崇高的地位。二十世紀西方最偉大的哲學家之一——德國的海德格，他對西方文化的發展不太滿意，認為西方文化走偏了。譬如，科學技術本來是

1 治大國，若烹小鮮。（《老子》第六十章）

要幫助人類的，也有很好的發展，結果卻反過來變成宰制人的生命。

海德格尋找根源，認為西方哲學走偏了，只研究相對的東西，而真正的哲學應該研究最後的根源，因此當他讀到老子的譯本時，非常開心。不過他發現翻譯得都不太好，所以海德格有個願望，希望老年的時候能親自把《老子》翻譯成德文。

碰巧這時，不懂中文的海德格碰到一位到德國做研究的學者——蕭師毅教授。蕭教授娶了位德國太太，在德國定居了幾十年。兩人相談甚歡，他們都很喜歡道家，海德格請蕭教授每星期的一個下午到他家裡，兩人開始翻譯《老子》。

然而，很多人對老子的思想意見不同，兩人翻譯到第八章，也就是〈上善若水〉一章就鬧翻了。海德格說「你不懂老子」，蕭教授說「你不懂中文」，兩個人沒有形成共同觀點，最後翻譯的事就停下來了。

海德格因為很崇拜老子，於是請蕭教授用中文寫了幅字掛在書房裡。海德格選擇了《老子》第十五章的一句話，這句話就連一般研究老子的學者也不太注意：「孰能濁以靜之徐清？孰能安以動之徐生？[2]」有誰能在渾濁的情況下安靜下來，讓混亂的情況逐漸澄清？又有誰能在安定的情況下發出動力，讓生機再度展現？

從這句話可看出老子的思想不只是趨向於靜態，也有趨向於動態的。中國講究陰陽配合，靜與動要協調，否則愈是安靜，到最後真的什麼都不做了，那麼生命存在與不存在又有什麼區別呢？

老莊怎麼說？

老子用辯證的哲學觀看世界，用道來解釋宇宙萬物的演變。老莊認為，一切事物都有正反兩面，在特定的情況下，彼此對立的兩面能夠轉化與調和，而這一切都源於「道」。作為道家學派的繼承者，莊子如何延伸道的思想？又如何借助生活中的故事，闡釋道的存在呢？

2 孰能濁以靜之徐清？孰能安以動之徐生？保此道者不欲盈。夫唯不盈，故能蔽而新成。（《老子》第十五章）

螻蟻、雜草中也有「道」

「道」是什麼？我有個朋友在香港教書，女兒七歲的時候，他帶女兒第一次坐飛機。飛機到了天空中，小女孩一直往窗外看，父親很好奇，問女兒在看什麼，女兒說「我在找上帝」。父親聽了嚇一跳，「你怎麼在窗外找上帝呢？」女兒說：「我在學校聽老師說上帝在天上，我今天第一次坐飛機到了天上，當然要找上帝了。」小孩子很喜歡問「在哪裡」，因為他們很難想像什麼東西能夠無所不在，就像上帝。

「道」也是一樣，《莊子》中有一段東郭子問莊子何謂道的故事。

東郭子請教莊子說：「所謂的道在哪裡呢？」莊子說：「無所不在。」東郭子說：「一定要說個地方才可以。」莊子說：「在螻蟻中。」東郭子說：「為什麼如此卑微呢？」莊子說：「在雜草中。」東郭子說：「為什麼更加卑微呢？」莊子說：「在瓦塊中。」東郭子說：「為什麼愈說愈過分呢？」莊子說：「在屎尿中。」東郭子不出聲了。

莊子說：「先生的問題，本來就沒有觸及實質。有個市場監督官，名叫獲的，他向屠夫詢問檢查大豬肥瘦的方法，就是用腳踩在愈往腿下的部分而有肉，這隻豬就愈肥。不要執著在一個地方，萬物都是無法逃離的。至高的道是如此，偉大的言論也一樣。

「『周全、普遍、通通』這三個語詞，名稱相異而實際相同，所指的是同一種狀況。讓我們一起遨遊於無何有之鄉，混同萬物來談論，一切都是無窮無盡的！讓我們一起無所作為吧！恬淡又安靜啊！漠然又清幽啊！平和又悠閒啊！我的心思空虛寂寥，出去了不知到達何處，回來了不知停在哪裡；我來來往往啊，不知終點何在。翱翔於遼闊無邊的境界，運用最大的智力，也不知邊界何在。

「主宰萬物的道與萬物之間，沒有分際。物與物是有分際的，也就是所謂萬物之間的分際。無分際的道寄託於有分際的物中，就像有分際的物寄託於無分際的道中。以盈虛衰殺來說，道使物有盈虛，而自身沒有盈虛；道使物有衰殺，而自身沒有衰殺；道使物有始終，而自身沒有始終；道使物有聚散，而自身沒有聚散。」[3]

老莊怎麼說？

莊子所說的「未始有物」，出自老子《道德經》：「天下萬物生於有，有生於無」。在道家看來，萬事萬物都是「有」和「無」的統一體，「無」是「有」的基礎和來源。老莊思想透過「道」來解釋宇宙的起源，又用「無」來闡述萬物的本質。那麼，老莊的思想最終要向世人闡釋怎樣的道理呢？

「道」與「上帝」殊途同歸

道無所不在，這樣的觀念有什麼價值？西方兩千六百多年哲學發展的過程中，經常在思考一個問題：為什麼是「有」而不是「無」呢？宇宙萬物的本質並不包含存在，它隨時可以變化消失，而且終究是要消失的。因此如果是「無」，反而比較合理。

人類有一顆求知的心，不肯止於現象，而是要進入到現象背後的本體。從希臘時

---

3 東郭子問於莊子曰：「所謂道，惡乎在？」莊子曰：「無所不在。」東郭子曰：「期而後可。」莊子曰：「在螻蟻。」曰：「何其下邪？」曰：「在稊稗。」曰：「何其愈下邪？」曰：「在瓦甓。」曰：「何其愈甚邪？」曰：「在屎溺。」東郭子不應。莊子曰：「夫子之問也，固不及質。正獲之問於監市履狶也，每下愈況。汝唯莫必，無乎逃物。至道若是，大言亦然。周徧咸三者，異名同實，其指一也。嘗相與遊乎無何有之宮，同合而論，無所終窮乎！嘗相與無為乎！澹而靜乎！漠而清乎！調而閒乎！寥已吾志，無往焉而不知其所至，去而來而不知其所止，吾已往來焉而不知其所終，彷徨乎馮閎，大知入焉而不知其所窮。物物者與物無際，而物有際者，所謂物際者也。不際之際，際之不際者也。謂盈虛衰殺，彼為盈虛非盈虛，彼為衰殺非衰殺，彼為本末非本末，彼為積散非積散也。」
（《莊子・知北遊》）

代開始，哲學起源於驚訝。世界充滿變化。那麼，為什麼你還存在呢？答案只有一個，你要找到其背後的根據。

西方近代法國哲學家笛卡兒說過一句話：「我思故我在。」很多人喜歡這句話，覺得對於人的生命有某種啟發，彷彿我現在在思考，代表我存在。實際上不是這個意思，因為笛卡兒之前是一千三百多年的中世紀，中世紀哲學是以天主教作為核心信仰，所以真理是以《聖經》作為標準的。到了笛卡兒，他提出人是否能不依靠《聖經》，而從人的理性設法找到真正可靠的知識。所以他說人一生中，至少要有一次去懷疑所有能夠被懷疑的東西，最後，人不能懷疑正在懷疑的自我。

笛卡兒是一五九六年到一六五〇年的人，已經過世三百多年了。其實他還說了很多話，他之所以成為大哲學家，最重要的一句是：「我在故上帝在。」連我們自己在內，也都在變化之中。變化代表現在存在的，過去它尚未存在，將來它也會消失，換言之，世界的本質是虛幻的。

最高的智慧是認為從來不曾有萬物存在過，也就是「未始有物」，存在的只有道。所以，「我思故我在，我在故上帝在」，這裡的上帝就要轉換成道家的「道」。

莊子說：道是「自本自根」，自己為本，自己為根；西方說：上帝是「自己是自己的原因」。兩者完全相同。一樣東西自己是自己的原因，它一定是永恆的；一樣東西自己為本、自己為根，它一定是永恆的。所以，也只有道家的「道」與西方的「上帝」概念最為適合，這也是道家思想令人敬佩之處，因為西方哲學中最深刻的問題，在道家思想中，已經提出明確的見解。

春秋戰國是一個亂世，很多人想不開就自殺了，與其活著受苦，不如早點死了解脫。但是道家認為這是錯誤的觀念，如果知道自己有來源，也有歸宿，生命就有它的價值。生命的價值不局限在人類社會所設定的各種成就，從道來看萬物，萬物是平等的，沒有什麼貴賤之分。應該要突破這個限制，不要以人為中心，要以萬物為中心，如此才可體會到道無所不在。

老莊怎麼說？

老莊思想用「無」闡述了生命的本質，對每一個生命個體來說，無論它以何種形式存在，從出生到死亡、從過去到未來，個體的生命終究會消失。道家崇尚生命的自然屬性，提倡在生活中無為，面對競爭要達到無為而爭。那麼，老莊思想中的「無為」究竟如何理解？它又是一種什麼樣的境界呢？

用「無為」治療憂鬱症

有人研究美國社會，認為美國社會之所以很多人不快樂，是因為他們做任何事都會先想好目的，一有目的就有壓力。事情本來就有壓力，但相對地也有樂趣，就像學生念書有壓力，但是念懂了之後也有一些樂趣。

但是學生很難體會讀書的樂趣，因為他們的目的太明顯了——一定要考上什麼學校。這麼一來，過程都變成手段了，如果達不成目的，手段完全是無用與浪費的，所以學習過程沒有歡樂，只有痛苦。

日本有一群心理醫生組織了一個讀書會，專門研究老莊思想，研究之後發現有兩個字可以用來治療憂鬱症，那就是「無為」。

「無為」有不同的解法，第一種很簡單：無所作為。假設真的無所作為，後果不堪想像，上班的時候坐在那兒發呆，老闆問起，你說「我在練習道家的無為」，他一定叫你回家算了！

因此，無為不是無所作為，而是「無心而為」，做該做的事，但是不要有刻意的目的。

這群日本醫生學了「無為」之後，覺得可以用來治療憂鬱症。憂鬱症的病患有個特色，不能忍受任何帶有目的性的問題。病人之所以患了憂鬱症，是因為壓抑，總覺得活著沒什麼勁。你問他好一點沒有，他就覺得有壓力，因為你雖然是善意的，但是你的問題帶有目的性，他會受不了。

他們發現，一個病人在醫院休養了五天，終於稍微恢復了一點，週末家人親戚朋友跑來問候，又加重了病情。造成很多患者不能出院，或者要長期服用藥物。

於是，這些日本醫生讓所有到醫院探病的人都先停下來，要看望這些抑鬱症的病患，記得帶著自己要看的報紙、雜誌或書本，到了病房之後，只能說一句話：「我來了。」之後就坐下來別說話了。病人沒說話，你絕不能講話；病人問問題，你只能簡單回答，還不能多說半個字。

探望的人坐在病人旁邊自己看報紙，目的就是要讓病人覺得你在的時候和你不在的時候一樣，不會讓他感到任何壓力；等你走了之後，他就會覺得你不在的時候和你在的時候一樣。每個人都這麼做，病人慢慢就能恢復跟人群相處的能力。

老莊怎麼說？

老莊思想所說的無為是無心而為，要順應自然，而不只是為了某種強烈的目的才去做。但是在現實中，人們往往為了達到最大的利益，追求最好的效果，背負壓力和苦惱去做事。千年以前的老莊思想，究竟會給予我們怎樣的啟示？我們在生活中，又如何做到無為、達到道家的至高境界呢？

捉蟬的技巧

學了道家外化而內不化的思想，就能做到外在與整個社會保持和諧，與他人相處融洽，盡自己的責任，不給他人壓力。另一方面，內在的自我要能夠內不化，對道有所體驗，慢慢覺得沒有得失，也不再計較任何成敗，如此將可走向無為、走向逍遙。

莊子描寫某些人達到一種自在逍遙的境地，但是有個條件，就是必須先下工夫，需要修練。《莊子》中有許多故事，說明這種修練的人。

譬如，大司馬家中有一個製作腰帶帶鉤的人，已經八十歲了，所做的帶鉤沒有絲毫差錯。大司馬問他：「你是有技巧呢？還是有道術？」他說：「我有持守的原則。我二十歲就喜歡做帶鉤，眼裡不見別的東西，不是帶鉤就不仔細觀察。我用心於此，是因為我不用心於別的東西，才能專於此用，那麼何況是無所不用心的人呢？萬物怎能不助成他呢！」[4]

又如顏淵請教孔子：「我曾渡過一處叫作觴深的深淵，擺渡人划船的技術靈巧如神，我問他：『划船可以學得會嗎？』他說：『可以，會游泳的人很快就學會了。如果是會潛水的人，即使沒有見過船，也能立刻就划。』我問他其中緣故，他卻不告訴我。請問老師，他說的是什麼意思？」

孔子回答：「會游泳的人很快就學會，是因為他忘了水的存在；如果是會潛水的人，即使沒見過船，也能立刻就划，是因為他把深淵看成丘陵，把翻船看成倒車，就算翻船倒車的各種狀況發生在眼前，也不會放在心上。如此一來，到任何地方不都是輕鬆自在了嗎？當你懷著一顆平常心去面對困難，內心就不會有恐懼。」[5]

另外，《莊子》中也提到有關賭博的故事：用瓦片做賭注的人技巧相當靈活；用帶鉤做賭注的人會心存恐懼；用黃金做賭注的人就頭昏腦脹了。

賭博的技巧是一樣的，但是會有所顧忌，因為看重外物。凡是以外物為重的，內

4 大馬之捶鉤者，年八十矣，而不失豪芒。大馬曰：「子巧與！有道與？」曰：「臣有守也。臣之年二十而好捶鉤，於物無視也，非鉤無察也。是用之者，假不用者也，以長得其用，而況乎無不用者乎？物孰不資焉！」（《莊子．知北遊》）

5 顏淵問仲尼曰：「吾嘗濟乎觴深之淵，津人操舟若神。吾問焉，曰：『操舟可學邪？』曰：『可。善游者數能。若乃夫沒人，則未嘗見舟而便操之也。』吾問焉而不吾告，敢問何謂也？」仲尼曰：「善游者數能，忘水也。若乃夫沒人之未嘗見舟而便操之也，彼視淵若陵，視舟之覆猶其車卻也。覆卻萬方陳乎前而不得入其舍，惡往而不暇！以瓦注者巧，以鉤注者憚，以黃金注者殙。其巧一也，而有所矜，則重外也。凡外重者內拙。」（《莊子．達生》）

心就會笨拙。欲望愈少，嗜好愈少，一個人的天機、自然的領悟能力，才能清明。

莊子還說過一個「承蜩丈人」的故事：孔子到楚國去，經過一片樹林，看見一個彎腰駝背的老人在黏蟬，好像在地上撿東西一樣簡單。孔子說：「您的技巧高明啊，有什麼訣竅嗎？」老人說：「我有訣竅。經過五、六個月的練習，我在竹竿頂上放兩顆彈丸而不會掉落，這樣去黏蟬就很少失手了。接著，放三顆彈丸而不會掉落，失手的機會只有十分之一；等到放五顆彈丸而不會掉落，黏蟬就好像在地上撿東西一樣了。「我站穩身體，像是直立的枯樹幹；我舉起手臂，像是枯樹上的枯枝。天地雖大，萬物雖多，我所察覺的只有蟬翼。我不會想東想西，連萬物都不能用來交換蟬翼，這樣怎麼會黏不到呢！」

孔子回頭對弟子說：「用心專一而不分散，表現出來有如神明的作為，說的就是這位彎腰駝背的老人啊！」[6]

《莊子》中有很多這樣的故事，他專門從一些平凡的人、平凡的工作裡，找到一種生命的樂趣。這也說明了道家思想很適合一般人去了解，只要從中獲得一些啟發，對於自己的生命就會有許多不凡的體會。

莊子比喻逍遙，他說：「巧者勞累而智者憂慮，只有無能者全無所求，吃飽之後到處遨遊，飄飄然就像解纜的船，空盪盪地到處逍遙。[7]」有句古詩「野渡無人舟自橫」，意境有些相似：一條小船沒有被纜繩綁住，在河邊上到處飄來飄去。這樣的意象告訴我們，活在這個世上，雖然不能選擇時代，也不能要求社會要多好，但既然已經出生，已經成長在其中，就要學習道家，讓自己隨遇而安。但不是安於外面，最主要是安於內在，如此才能從容、才能淡定。

6 仲尼適楚，出於林中，見痀僂者承蜩，猶掇之也。仲尼曰：「子巧乎，有道邪？」曰：「我有道也。五六月累丸二而不墜，則失者錙銖；累三而不墜，則失者十一；累五而不墜，猶掇之也。吾處身也，若厥株拘；吾執臂也，若槁木之枝。雖天地之大，萬物之多，而唯蜩翼之知。吾不反不側，不以萬物易蜩之翼，何為而不得！」孔子顧謂弟子曰：「用志不分，乃凝於神。其痀僂丈人之謂乎！」（《莊子・達生》）

7 巧者勞而知者憂，無能者無所求，飽食而遨遊，汎若不繫之舟，虛而遨遊者也。（《莊子・列禦寇》）

老莊怎麼說？

莊子用擺渡人的故事告訴我們，當懷著一顆平常心去面對困難，內心就不會有恐懼。沒有了恐懼，內心自然就會自在清明，即使像擺渡人一樣身處在深淵之中，也仍然能夠泰然自若、如履平地，這種境界就是莊子所追求的最高境界——逍遙遊。那麼，面對快節奏的生活，我們怎樣才能保持一顆清靜平常的心？又如何做到老莊思想所推崇的「外化而內不化」呢？

露肚皮的王羲之

《莊子》有個故事提到宋元君：宋元君打算畫些圖樣，所有畫師都來了，行禮作揖後站在一旁，調理筆墨，甚至半數的人還站到門外去了。有一位畫師稍晚才到，悠閒地走進來，行禮作揖之後也不站立恭候，就直接到畫室去了。宋元君派人去察看，他已經解開衣襟，袒露上身，盤腿端坐著。宋元君說：「行了，這才是真正的畫師。」[8]

這個故事說明每個人都有自己的本行專業，在社會上要外化，尊重別人，照規矩來。但是不能只知道規矩、只注意到外在的形式規格要求，一個真正的畫師，要以真性情為主。

後來在《世說新語》裡，有一段書法家王羲之的故事，可以與之對照。

東晉時代郗太傅，也就是郗鑒，女兒到了適婚年齡，於是他託人到王丞相（王導）家裡找個女婿。使者到了王丞相家，王丞相對他說：「我的子姪輩很多，你就到東廂房去找吧！」最後，使者回報郗太傅說：「王丞相家中子姪輩的年輕人，都是一表人才，聽到太傅要嫁女兒，個個打扮整齊，希望被選中，得以平步青雲。不過有一個人，躺在東廂房，露出肚皮睡覺，好像沒這回事。」郗太傅一聽，立刻選定這個人，他就

8 宋元君將畫圖，眾史皆至，受揖而立，舐筆和墨，在外者半。有一史後至者，儃儃然不趨，受揖不立，因之舍。公使人視之，則解衣槃礴臝。君曰：「可矣，是真畫者也。」（《莊子・田子方》）

是王羲之。

王羲之也許聽過《莊子》畫師的故事，然而，更可貴的是，郗太傅也很有見解，知道要為女兒找一個真性情的人。

我們學習道家時，要明白道與逍遙的關係。道永遠存在，人的生命卻只能存在一段時間，我們能走的地方，也只是很有限的幾個地區而已。但學了道家之後，就會發現道無所不在，生命境界也隨之整個開闊起來。

美與醜是相對的，如果懂得道家，就會發現萬物無一不美，人也無一不值得欣賞。如果有道家這樣的修為，任何地方都是美妙的，任何東西都值得欣賞，因為它裡面有道。有了這樣的體會，還能不逍遙嗎？逍遙是內心經過修練之後轉化的結果，生命可以安頓在自己身上，因為人的基礎與道從來沒有分開過。

如同前述，要讓一滴水不乾涸，就要讓它回到大海裡去。現在我們要說，這一滴水如果能夠學習道家，就從來沒有離開過大海。人也一樣，從沒有離開過根源、沒有離開過道。懂得道、懂得逍遙，在人生的過程中，遇到各種問題或煩惱時，就很容易加以化解了。

無用的日子讀老莊：老莊相對論給人生的十則指引

國家圖書館出版品預行編目（CIP）資料

無用的日子讀老莊：老莊相對論給人生的十則指引／傅佩榮著 . -- 初版 . -- 臺北市：九歌，2019.04
面； 公分 . --（傅佩榮作品集；17）
ISBN 978-986-450-240-0（平裝）
1. 老莊哲學
121.3 108003160

作　　者 —— 傅佩榮
責任編輯 —— 張晶惠
創 辦 人 —— 蔡文甫
發 行 人 —— 蔡澤玉
出　　版 —— 九歌出版社有限公司
臺北市 105 八德路 3 段 12 巷 57 弄 40 號
電話／02-25776564・傳真／02-25789205
郵政劃撥／0112295-1

九歌文學網 www.chiuko.com.tw

印　　刷 —— 晨捷印製股份有限公司
法律顧問 —— 龍躍天律師 ・ 蕭雄淋律師 ・ 董安丹律師
初　　版 —— 2019 年 4 月
初版 4 印 —— 2013 年 3 月
（本書原名《老莊的相對論》，曾於 2011 年由時報文化印行）
定　　價 —— 300 元
書　　號 —— 0110817
I S B N —— 978-986-450-240-0 （平裝）